Můj Život, Má Víra II

"Povstaň, rozjasni se, protože ti vzešlo světlo,
vzešla nad tebou Hospodinova sláva."

(Izajáš 60:1)

Můj Život, Má Víra II

Dr. Jaerock Lee

Můj Život, Má Víra II: Dr. Jaerock Lee
Vydavatelství Urim Books (Zástupce: Seongkeon Vin)
361-66, Shindaebang Dong, Dongjak Gu, Seoul, Korea
www.urimbooks.com

Pokud není uvedeno jinak, všechny citace z Písma pocházejí z Bible svaté, ČESKÉHO EKUMENICKÉHO PŘEKLADU, ®, Copyright © 1995 vydaného Českou biblickou společností. Použito s povolením.

Předtím vydáno v roce 2007 v korejštině vydavatelstvím Urim Books

První vydání září 2013

Úpravy: Eunmi Lee
Vnější úprava: Vydavatelství Urim Books
Tisk: Yewon Printing Company
Více informací získáte na urimbook@hotmail.com.

Důkaz existence a moci Ducha svatého

Čas na nikoho nečeká. Bůh má však trpělivost a čeká až do samého konce na to, aby se lidstvo začalo kát a došlo spásy. Dnešní lidé již tuto hlubokou Boží lásku neznají. Dokonce i křesťané a pastoři podléhají světským trenďům a zapomínají na Boží lásku a vůli. Proč se nedokážou k Bohu přiblížit a proč se záměrně vzdalují od církve? Důvodem je moderní věda.

Lidé se snaží vyřešit problémy, se kterými se ve svých životech potýkají, pomocí vědy. Věří více závěrům vědy než moci víry. Postihuje to i křesťany. Dokonce i pastoři věří jen tomu, co si mohou ověřit na vlastní oči a co lze pochopit rozumem, než aby věci přijali vírou. Rovněž používají vědu k zasévání semínek víry do svých věřících. Snaží se tak činit v souladu s denominační doktrínou.

Křesťané dnešního moderního světa se snaží porozumět

Bohu a zažít jeho moc prostřednictvím tohoto druhu víry. Ale je to víra, která byla získána nesprávným způsobem vštěpování víry a vede ke kritice moci Ducha svatého jakožto mysticismu. Jinak řečeno, církev nevede svět, ale svět vede církev.

Mnoho skutků Ducha svatého je považováno za mysticismus. Pokud se Boží moc neprojevuje mysticky, jakou má potom hodnotu? Veškeré Boží skutky jsou úžasně mystické – a přesně tak to má být. Jedině pak je Bůh skutečně Všemohoucím a Jediným, kdo může lidstvo spasit.

Reverend Jaerock Lee nechová sympatie k této poněkud světské víře, nýbrž je vždy blízko Boha Otce, Syna Ježíše Krista a Ducha svatého. Vždy nám ukazuje Boží působení skrze modlitbu a Ducha svatého.

Jeho autobiografie zachycená v knihách *Můj Život, Má Víra I & II* je dojemný příběh, který nám ukazuje opravdovou víru a život, který s touto opravdovou vírou žije. Tato kniha je živoucím důkazem existence Ducha svatého, existence, na kterou moderní lidé zapomněli.

Víra a věda nejsou ve skutečnosti dvě oddělené věci. Bůh

stvořil vše v tomto vesmíru a vše, co nám zjevuje, je věda. Když tedy reverend Jaerock Lee uzdravuje nemocné, řeší problémy a prostřednictvím modlitby naplňuje lidi Duchem svatým, jedná se o vědu, protože tato moc pochází od Boha. Zároveň jde také o víru.

Tyto paměti vycházejí každý týden v nakladatelství *Christian Press* a dotýkají se srdcí mnoha věřících včetně pastorů. Nyní z nich vznikla kniha, která ukazuje živou víru a dílo živého Ducha svatého. Tato kniha obsahuje pravdivé příběhy z reverendova života, které se dotýkají lidské stránky každého z nás. Je to také příběh o jeho službě Bohu včetně založení a růstu církve Manmin Central Church. Slouží tedy jako dobré vodítko pro obyčejné věřící i pastory k tomu, jak má vypadat skutečná služba Bohu.

Doslechl jsem se, že tato autobiografie vzbudila velký ohlas u mnoha pastorů i věřících. Pastory zajímal růst církve a moci Ducha svatého. Laičtí věřící projevovali velký zájem o reverendův dar uzdravování a o projevy Ducha svatého. Důvodem je, že dnešní korejské církve ztratily moc Ducha svatého. Mnoho církví jen přežívá, protože považují moc Ducha svatého za mysticismus. Duch svatý není 'mysticismus'. Duch svatý je skutečný a zde.

Mohu s určitostí říci, že reverend Jaerock Lee je jedním z nejupřímnějších Božích služebníků v Koreji. Leckdo by určitě souhlasil s tím, že mnoho lidí začalo milovat Pána Ježíše vášnivěji a že se posílila jejich vlažná víra poté, co si přečetli tuto autobiografii – *Můj Život, Má Víra I & II*. Mnoho pastorů také lépe pochopí, jak vypadá opravdová církev a v jakých církvích působí Duch svatý.

Kromě toho bych rád upozornil na to, že je zde odhalena celá pravda o incidentu v televizní stanici MBC. Je jasně vidět, proč je reverend Jaerock Lee vystaven takovému pronásledování a kritice ze strany korejských církví. To teď musí přestat. Zároveň požaduji, aby se MBC (Munhwa Broadcasting Corporation) církvi Manmin Central Church omluvila.

Poté, co jsem si autobiografii reverenda Jaerocka Lee přečetl, doufám, že všichni pastoři a věřící si ji přečtou také a že jim otevře oči a nasměruje je k moci Ducha svatého.

Reverend Jongman Lee

(Metodistická církev, stálý prezident Světové misijní asociace za křesťanské probuzení)

Obsah

Doporučení
Důkaz existence a moci Ducha svatého

Kapitola 1
Jako země tvrdne po dešti

Kapitola 2
Koho máme poslouchat?

Kapitola 3
Na co Ježíš myslel, když kráčel s křížem na Golgotu?

Kapitola 4
Kéž bych jen mohl naplnit Boží vůli

O b s a h

Kapitola 5
Tak, jako voda přikrývá moře

Kapitola 6
Pouze ve jménu Ježíše Krista

Kapitola 7
K tvému světlu přijdou pronárody

Kapitola 1

Jako země tvrdne
po dešti

Poté, co se zasela semínka víry

Modlitebna v Guro Dong se několik let poté, co jsme se do ní přestěhovali, znova naplnila lidmi. Neměli jsme dost místa ani pro lidi ani pro auta, ve kterých přijížděli.

Potřebovali jsme zkrátka větší modlitebnu. Blízko nás byl pozemek na prodej. Měl okolo 14 000 metrů čtverečních. Ale protože jsme měli hypotéku na stávající budovu, bylo těžké pozemek získat.

Když jsem se za to modlil, Bůh mi řekl, abychom se pokusili ten pozemek získat. Potřebovali jsme na něj 20 miliard wonů nebo přibližně 20 milionů amerických dolarů. Ale bylo těžké sehnat dokonce i jen 1 miliardu wonů, které jsme potřebovali na to, abychom vůbec mohli smlouvu uzavřít. Ale ze zkušenosti jsme věděli, že Bůh působí i ve zdánlivě neřešitelných situacích, když ho posloucháme. To, co jsme tentokrát potřebovali, byla opět víra.

Rozhodl jsem se zasít 100 milionů wonů z potřebné jedné miliardy jako semínko víry. K uzavření předběžné smlouvy jsme potřebovali právě 100 milionů wonů. Bůh mi vždy hojně žehnal, ale vydával jsem významnou sumu peněz na desátky, misionářskou práci a na charitativní účely, a tak jsem nedisponoval moc velkou hotovostí. Co je však nemožné, když je Bůh s námi?

Když jsem se modlil, abych získal 100 milionů wonů, Bůh začal působit z neočekávaných míst. Ti, kdo se uzdravili skrze mou modlitbu a ti, kterým jsem dříve pomohl, nyní přicházeli ke mně a vyjadřovali mi svou vděčnost.

V srpnu 1995 jsem nashromáždil 100 milionů wonů a podařilo se mi podepsat předběžnou smlouvu. Když jsem šel takto příkladem, začali se zapojovat i členové církve od nejmenších dětí po ty nejstarší. Přestože jsme nevydali žádné oznámení o sbírce na novou stavbu, Bůh pohnul srdcem každého z nich. Členové církve dobrovolně a s radostí přispívali svými dary.

Dary přicházely nejen z celé země, ale dokonce i ze zahraničí. Brzy jsme mohli podepsat smlouvu. Když jsme se řídili Božím slovem, dary se od týdne, kdy jsme podepsali smlouvu, ztrojnásobily.

Jedna věc v srdci

V květnu 1996 vznikla ocelová konstrukce a výstavba začala. Na týden od 10. června jsme naplánovali Speciální dvoutýdenní probuzenecké setkání. Chtěli jsme ho uspořádat již v nové modlitebně, abychom mohli přijmout více lidí, ale potřebovali jsme ještě dva měsíce, abychom všechno dokončili. Členové, kteří tuto situaci velmi dobře znali, dobrovolně pomáhali s výstavbou. Někteří členové si vzali dovolenou a další přicházeli na stavbu přímo z práce. Nosili cement a písek, pokládali cihly a kachličky a malovali zdi. Díky společnému úsilí stovek členů byla modlitebna dokončena těsně před probuzeneckým setkáním.

I když strop zatím nebyl hotový, mohlo se čtvrté Speciální dvoutýdenní probuzenecké setkání odehrát v nové modlitebně. Jen díky tomu, že jsme se do toho pustili s vírou! První den setkání byl velmi dojemný.

Bůh nám seslal patnáct poselství, z nichž ústřední byla pasáž z Jana 3:6. Série se jmenovala "Tělo a duch." Bůh nám dal toto slovo života, aby členové dokázali rozlišovat mezi tělem a duchem. Museli jsme se zbavit tělesnosti a proměnit se v duchovního člověka. Bůh byl oslaven skrze mnoho skutků uzdravení, které se během setkání udály.

Díky počátečnímu požehnání zřízena církev v Japonsku

Když vidím nemocné, často se modlím: "Bože! Dovol mi, abych tomu věřícímu ulevil od bolesti a uzdravil jej."

Jelikož jsem si sám prošel těžkými nemocemi, dokážu cítit bolest nemocných hluboko v srdci. Kdyby to bylo jen trochu možné, chtěl bych být nemocný namísto nich. Stejně se cítím, když někteří věřící hřeší. Skutečně bych dobrovolně obětoval svůj život, kdyby jim Bůh dal ducha pokání a mohli by získat spasení.

"Bože! Pokud přestanou hřešit, když si vezmeš můj život, tak to prosím udělej. Ať všichni dojdou spásy."

Mojžíš chtěl, aby byl izraelský národ spasen, i kdyby to mělo znamenat, že by jeho jméno bylo vymazáno z knihy života a že by skončil v pekle (Exodus 32:32).

Apoštol Pavel vyznal svou lásku tím, že říkal, že chce, aby jeho národ byl spasen, i kdyby kvůli tomu měl být proklet a odloučen od Krista. Chtěl jsem mít takovou duchovní lásku. Pokud by členové církve mohli díky mé oběti získat život, rád bych se obětoval.

Na probuzenecké setkání, které se konalo v nové modlitebně, se přihlásilo více než tisíc nemocných lidí. Pro nemocné byla každý den uspořádána zvláštní shromáždění a já jsem se za každého z nich modlil. Když jsem se po dvou hodinách přestal modlit, byl už skoro čas zahájit večerní shromáždění.

Věřím, že Bůh odpovídal na mé horlivé volání v modlitbách a Duch svatý konal každý den své planoucí skutky.

Byly to perné dva týdny, ale když jsem se modlil za uzdravení každého nemocného člověka, doufal jsem, že Bůh s nimi bude mít smilování. Lidé byli uzdraveni z nevyléčitelných a vzácných nemocí. Rakovinné buňky byly spáleny a uzdravily se rakovinou napadené plíce, dělohy a hrtany. Do ztuhlých částí těl postižených obrnou se vrátil život.

Tohoto setkání se zúčastnil i Jekyoo Ju, generální tajemník Federace korejských přistěhovalců do Japonska z prefektury Jamagata. Přišla i jeho žena. Stejně jako rok předtím znovu pocítili Boží zázraky. Měli o čem vyprávět.

V květnu 1995 měla žena diákona Ju vysoké horečky a uprostřed noci ji silně rozbolela hlava. Dalšího dne musel diákon Ju jet na služební cestu do Koreje. Vzal svou ženu s sebou a v Soulu s ní zašel k lékaři. Diagnóza: 'cholesteatoma tympanitis' – nádor ucha. Lékař navrhl okamžitou operaci.

Ženě hrozilo, že přestane úplně slyšet a že se nemoc vyvine v meningitidu. Záněty středního ucha trpěla od dětství. Z ucha jí

Rodina diákona Ju.

vytékal hnis a celý život na to brala léky.

Na naléhání své matky se zúčastnila ranní nedělní bohoslužby v naší církvi a přišla si ke mně pro modlitbu. Potom vypověděla, že když přijala mou modlitbu, jejím tělem projel chladivý pocit, jako když žvýkáte peprmintovou žvýkačku a bolest zmizela. Poté už nikdy neměla ušní výtok. Rovněž se zbavila bolestí hlavy a jiných komplikací.

Další den přišla i s manželem na probuzenecké setkání. V slzách se káli za své hříchy. Rovněž se jim dostalo daru mluvit v jazycích. V červnu 1995, když se vraceli do Japonska, již po nádoru nebylo díky Boží milosti ani stopy. Oba byli naplněni

Duchem svatým a děkovali Bohu za jeho milost.

Po návratu cítila žena ve svém těle něco divného. O tři týdny později jí při návštěvě nemocnice řekli, že je těhotná. Po sňatku v roce 1991 absolvovala operaci srdce a lékaři jí řekli, že nejspíše neotěhotní a že pokud ano, bude to pro ni nebezpečné.

Otěhotněla pátý rok po uzavření manželství a pouhých 8 měsíců po operaci srdce. Manželé si byli jisti, že jim požehnal Bůh, který ženu zbavil nevyléčitelné nemoci. V březnu 1996 se jim narodil první syn Shiyoung. Jejich radost však byla krátká, protože dítě bylo postižené kretenizmem.

Jedná se o zákeřnou nemoc, která blokuje tvorbu hormonů, takže dítě rostlo jen s pomocí léků, které hormony nahrazovaly. Kdyby je chlapeček nebral, spodní část jeho těla by nevyrostla a jeho hlava by se zvětšovala a došlo by ke znetvoření. Tato nemoc jej mohla stát život.

V květnu 1996 se pár modlil za uzdravení svého syna Shyyounga. O rok později přijeli oba znovu do Koreje na probuzenecké setkání. Dojalo je poselství Božího slova a byli přesvědčeni, že jejich syn se uzdraví. Přestali mu dávat léky a nechali vše v Božích rukou. Když se vrátili do Japonska, Shiyoung byl zdravý a normálně rostl. Po několika měsících lékaři při prohlídce v nemocnici potvrdili, že hladiny hormonu jsou normální.

Tento pár byl naplněn Boží milostí. Nikdy se nepřestali modlit a šířit evangelium. V červenci 1997 přišlo do jejich domu šest lidí, pro které uspořádali svou první bohoslužbu. Od té doby počet lidí rostl a manželé požádali, aby k nim byl vyslán misionář. V září 1999 jsme tam tedy poslali pastora Kangsupa Janga z naší církve. Nyní už mají v Jamagatě velkou církev a naplno se věnují službě Bohu. Manželům Ju se narodil druhý syn a poté i dcera. Mají zdravou a šťastnou rodinu.

Rozšiřujeme misii v zahraničí

Mé jméno se postupně zapsalo do povědomí obyvatel hlavního města USA a každoročně jsem byl pozýván do Washingtonu. V únoru 1996 jsem přijel, abych kázal na Sjednocené kampani a konferenci pro pastory havajských korejských církví, kterou uspořádala Havajsko-korejská asociace křesťanských církví. Setkání se konalo v Korejské baptistické církvi v Honolulu a neslo název 'Obnov nás'.

Jelikož tuto církev na Havaji založil první korejský prezident Syngman Rhee, myslel jsem, že tamní věřící budou pevní ve víře. Ale když jsem dorazil na místo, zjistil jsem, že na ostrově moc církví nefunguje a že tam mají mnoho obtíží. Podle pastorů hodně církví zaniklo kvůli sporům mezi pastory a členy.

Havajsko-korejské asociaci křesťanských církví předsedal biskup John Park z Anglikánské církve. Byl to básník a připadal mi jako mírný člověk. Od prvního shromáždění se mu dostávalo velké milosti.

Proměna rozhádané církve

Po tři dny jsem hovořil na téma 'Proč je Ježíš náš Spasitel', 'Tělesná víra a duchovní víra' a 'K věčnému životu potřebujeme jíst tělo a pít krev Syna člověka.'

Doslechl jsem se, že členové církve měli nejprve námitky proti tomu, aby se toto setkání konalo v modlitebně jejich církve. Ale po první části byli mnozí věřící viditelně dojatí a jejich celkový postoj se změnil. Nosili nám výtečné jídlo a další dary.

Po skončení celé akce se mi jeden z pastorů se slzami v očích přiznal: "Naše církev se potácela v problémech kvůli mé aroganci.

Havajská sjednocená kampaň.

Je to všechno moje vina." Protože vzal pastor vinu na svá bedra a změnil se, podnítilo to ke změně i členy církve. Věřil jsem, že Bůh vyřeší všechny jejich problémy a děkoval jsem mu za to.

V té době se konaly dvě konference pro pastory. Snažil jsem se v pastorech zasít víru v to, že svou službu zvládnou. Po konferenci jeden starší pastor se slzami v očích vyznal: "Mé ovečky nebyly špatné. Je to moje vina. Já jsem byl ten špatný."

Další pastor řekl: "Neměl jsem kam jít a myslel jsem na to, že raději zemřu. Ale dostalo se mi milosti a síly a nyní mám i sebedůvěru. Zvládnu to." Jiný zase prohlásil: "Věřil jsem v sebe jako v duchovního učitele, ale nyní se začnu učit vše od začátku." Bylo to dojemné vyznání vycházející z pokory.

Velká washingtonská evangelizační kampaň.

Po skončení všech setkání jsem se s pastory rozloučil. Biskup John Park řekl: "Slyšel jsem pouze o apoštolech, kteří žili před dvěma tisíci lety, ale nyní vidím apoštola ve vás." Mnoho pastorů přišlo na letiště a vyjádřilo svůj smutek nad mým odjezdem zpět domů. Velmi mne to dojalo.

Ten, kdo byl uzdraven ve snu

Od 26. do 28. září 1997 se v jedné církvi ve státě Virginia konala 'Velká evangelizační kampaň', kterou pod názvem 'Pane, obnov Washington a Baltimore' uspořádala rozhlasová stanice Washington Christian Radio System.

Na toto setkání dorazilo mnoho Korejců žijících v USA. Přišli z Washingtonu, Marylandu, Virginie, New Yorku a někteří dokonce přiletěli až z kanadského Toronta. Měl jsem slovo na téma 'Proč je Ježíš náš Spasitel', 'Tělesná víra a duchovní víra' a 'K věčnému životu potřebujeme jíst tělo a pít krev Syna člověka'.

Na konferenci pro pastory, která se tam souběžně konala, jsem mluvil o 'Tajemství růstu církve'. Přišlo si mne poslechnout mnoho pastorů z různých denominací.

Den poté, 29. září, se v baltimorské Korejské presbyteriánské církvi konala Sjednocená korejsko-americká kampaň pořádaná Marylandskou asociací korejských církví. Přišli nejen Korejci, ale také asi 1 500 místních, takže se nám podařilo uspořádat festival sjednocující mnoho různých lidí.

Ale ďábel se snažil můj projev na tomto setkání všemožně překazit. Setkání se mělo konat v církvi jistého pastora. Vzniklo však nedorozumění, protože se k tomuto pastorovi donesly nactiutrhačné poznámky, které o mně někdo šířil. Proto se postavil proti tomu, abych na konferenci hovořil. Nechtěl nám dát k dispozici ani svoji modlitebnu.

Ale Bůh překonal překážky kladené satanem a vnukl pastorovi sen. Pastor míval chronické bolesti páteře a nyní v ní měl přes deset kovových součástek. Trpěl nesnesitelnými bolestmi páteře. Před setkáním jsem se mu však zjevil ve snu a dal jsem mu aspirin. Po probuzení byla bolest tatam. Zázrakem se uzdravil a byl velmi překvapen. Později řekl: "Toto setkání se koná z Boží vůle. Reverend Jaerock Lee není obyčejný člověk. Je to Boží služebník, s nímž působí Bůh."

Přesvědčil i ostatní pastory a setkání se setkalo s úspěchem.

Konalo se podle plánu v pastorově krásné modlitebně obložené cedrovým dřevem. Když mě pastor spatřil, byl překvapen, protože ve mně poznal muže ze svého snu. Velmi vřele nás přivítal.

Mé slovo mělo podtitul 'Buďme v Pánu jedno'. Mezi Korejci a některými Afroameričany v této oblasti tenkrát panovaly nesváry, které mohly být vyřešeny jen díky Pánu. Vyzval jsem je, aby rasovou bariéru překonali s láskou ke svému Pánu.

Můj příspěvek k místnímu rozvoji a snížení napětí mezi rasami uznal i stát Maryland. Guvernér státu Maryland mi předal čestnou plaketu a od starosty Baltimoru jsem rovněž obdržel čestné občanství. Za to vše vděčím Boží milosti.

Duchovně vyprahlí argentinští pastoři

Od 21. do 23. července 1996 jsem mluvil o 'Tajemství růstu církve' na konferenci pastorů a probuzeneckém setkání Korejců v Buenos Aires. Akci podpořily mnohé křesťanské organizace v Argentině.

Konference se zúčastnilo více než tisíc pastorů a mnoho z nich bylo zasaženo. Na jejich žádost se stejná konference opakovala o rok později.

Na Národní univerzitě Matansa v Buenos Aires se od 15. do 16. října konala druhá konference pastorů a probuzenecké setkání. Organizátoři počítali s účastí asi tří stovek pastorů, ale dorazilo jich více než tisíc, a tak jsme se provizorně museli přesunout do největší modlitebny ve městě.

Touha a žízeň pastorů byly tak velké, že jsme konferenci protáhli do 15. hodiny a vynechali oběd. Pastoři měli tak velký zájem o mé slovo, že se mi podařilo projev ukončit až poté, co jsem jim slíbil, že příště na konferenci zase přijedu. Na druhou konferenci pastorů a probuzenecké setkání dorazilo celkem 8 000 lidí.

Tehdejší korejský velvyslanec v Argentině se setkání také zúčastnil a prohlásil: "Děkuji reverendu Jaerocku Lee za to, že přivezl do Argentiny vřelou víru korejských církví, které šíří evangelium za hranice své země." Cenil toto setkání velmi vysoko a řekl, že to byl velký diplomatický příspěvek z civilního sektoru.

Během tohoto setkání se díky působení Ducha svatého rovněž uzdravilo mnoho lidí. Za všechny zmíním alespoň pastora Eduadora Lecia, prezidenta Argentinské asociace křesťanských církví. Uzdravil se z rakoviny kůže a chronických žaludečních problémů a vzdal za to Bohu slávu.

Konference pro pastory v Argentině (1996).

Zasvěcení církve se starostou Barellou.

Argentinská kampaň.

Životy obrácené od zoufalství k naději

Každý je ve svém životě někdy nahoře a někdy dole. Ale když má člověk nevyléčitelnou nemoc nebo na ni přijde příliš pozdě na to, aby mu medicína dokázala pomoci, upadne do beznaděje. Ale Boží láska nalomenou třtinu nedolomí a doutnající knot neuhasí. A ve své lásce Bůh vždy prokáže zázraky těm, kteří žijí ve víře.

Zmizení tříkilové bulky

Diákonka Soonshim Kang začala navštěvovat církev Yeosu Manmin. V červnu 1997 si nahmatala bulku o velikosti vejce. Když se ráno probudila, měla oteklé celé tělo. Cítila tlak v podbřišku. Také nemohla chodit a byla dušná.

14. června jí v nemocnici Jeonnam sdělili diagnózu. Měla tříkilový zhoubný nádor. Byla to závěrečná fáze rakoviny dělohy.

Doktor jí řekl, že i kdyby nádor odstranili, zbylo by více než 10 malých výrostků, takže nemoc byla nevyléčitelná a smrtelná.

Diákonka nemohla chodit bez cizí pomoci. Když si lehla, vzdouvalo se jí kvůli nádoru břicho. Do beznadějné operace se pouštět nechtěla, a tak prosila Boha o milost a přijímala 'Modlitby za nemocné', které byly nahrány systémem automatické telefonní odpovědi.

Jelikož slyšela a na vlastní oči viděla, jaké se dějí v církvi Yeosu Manmin Boží zázraky, věřila, že se může uzdravit, když bude spoléhat na Boha.

Dva roky předtím, v květnu 1995, obrátila diákonka Soonshim Kang k víře svou tetu Eumjeon Kim. Společně se zúčastnily třetího probuzeneckého setkání. Tetě, která byla již postarší paní, chyběly v páteři dvě chrupavky, a tak měla záda ohnutá do pravého úhlu a už deset let nemohla normálně chodit.

Lék na to neexistoval, ale její páteř se narovnala hned po první modlitbě na probuzeneckém setkání. Od té doby se Eumjeon Kim chodí dobře – může kráčet zpříma a s rovnými zády.

25. června 1997 se diákonka Kang dozvěděla, že povedu probuzenecké setkání při příležitosti otevření nové modlitebny církve Ulsan Manmin. Přišla tam. Věřila, že se může uzdravit, pokud se za ni pomodlím. Bůh ji uzdravil, protože měla víru.

Když přijala mou modlitbu, zapůsobil na ni oheň Ducha svatého. Od té doby nemohla bulku v podbřišku nahmatat a všechny symptomy zmizely. Po měsíci se vrátila do nemocnice a lékař byl velmi překvapen.

"Kdy jste byla na operaci?"

"Nebyla jsem na operaci. Uzdravila mne modlitba jednoho pastora. Bůh mne uzdravil."

Zdraví se jí zcela vrátilo a stala se oddanou Boží služebnicí.

Zotavení po otravě

Okaj Kim se otevření nové modlitebny církve Ulsan Manmin zúčastnila v nemocničním oblečení. Měla o čem vyprávět.

Vdala se, když jí bylo 18 a pracovala v zemědělství. Stala se však obětí nehody a jejím následkem nemohla mít děti. Každý den ji trýznil pocit viny.
Měla mnoho rodinných problémů a 17. června 1997 se

Okja Kim se uzdravila z otravy a po 21 letech manželství porodila své první dítě.

pohádala se svou rodinou. K překvapení svých příbuzných vypila celou láhev chemikálie zvané 'Gramoxone'. Zavezli ji do nemocnice.

Lékař řekl, že je to vysoce účinný jed, který je smrtelný i při pouhém doteku rtů. Protilátka neexistovala, takže ženě nezbývalo více než 15 dní života. Doktor řekl rodině, aby začala chystat pohřeb. Ale její nejmladší bratr, který chodil do naší církve, jí řekl evangelium a pustil jí nahrávky kázání 'Poselství kříže'. Rovněž zařídil, aby se k ní mohla dostat 'Modlitba za nemocné', která byla nahrána systémem automatické telefonní odpovědi.

Pastor a členové církve Gwangju Manmin se o ni s láskou starali a zasévali v ní víru. Vrátila se jí chuť žít a 25. června přišla do církve Ulsan Manmin. Když jsem se za ni modlil, příšerně se potila.

Při návratu zpět do Gwangju potom, co probuzenecké setkání skončilo, se potila tak, že se její šaty daly ždímat. Její tělo zachvátilo horko a bolest neustávala. Později se dozvěděla, že v té době odcházel z jejího těla jed. Oheň Ducha svatého pálil jed.

Dalšího rána se stal zázrak. Její bolest ustoupila a ona se cítila dobře. Cítila i pokoj ve svém srdci. Lékaři nemohli uvěřit svým očím a důkladně ji vyšetřili. Její sežehlý jícen, zničená játra a plíce a všechny ostatní části těla se uzdravily a vypadaly normálně.

Při pití jedu se jí kapka dostala do levého oka a její levá oční bulva téměř zmizela. Mohla přijít o zrak nebo utrpět vážnou poruchu vidění, ale několik dní po modlitbě bylo její oko v dobrém stavu a viděla jako dříve.

V listopadu 1997 společně se členy církve Gwangju Manmin přijela do Soulu na páteční celonoční bohoslužbu, kde jsem se za ni znovu pomodlil. Po měsíci cítila, že se s jejím tělem děje něco zvláštního. Šla do nemocnice a nechala se vyšetřit. Byla těhotná!

Předtím otěhotnět nemohla. Ale díky Božímu požehnání se jí to po 21 letech manželství konečně podařilo.

To, že nemohla mít děti, jí zlomilo srdce. Prošla si peklem. Ale když se jí Bůh dotkl, okamžitě se uzdravila. Porodila syna a vede spokojený život.

Duch svatý působí skrze modlitbu prostřednictvím systému automatické telefonní odpovědi

Všemohoucí Bůh dokáže působit i skrze neživé věci jako jsou přístroje. Ilgon Cho nabídl církvi systém automatické telefonní odpovědi s nahranou modlitbou za nemocné.

Když začal chodit do církve, jeho dcera se zbavila zánětu středního ucha a on sám se uzdravil z chronického onemocnění kůže. Bůh prostřednictvím Ducha svatého způsobil díky tomuto systému automatické telefonní odpovědi mnoho zázraků.

V rodině Dalyonga Lee se v roce 1996 přihodilo následující. Jeho sestra Boksoon Lee hlídala svého dvouměsíčního synovce Jungtaeka. Dítě vzalo do úst velkou kuličku hroznového vína a spolklo ji. Ta však uvízla. Chlapcův obličej zmodral a dítě začalo ztrácet vědomí.

Kulička hroznového vína zablokovala dýchací cesty. Boksoon Lee a matka dítěte zavezly chlapečka do místní nemocnice. Kulička se usídlila v pravé plíci a kolem ní se vytvořil krvavý chuchvalec. Levá plíce se zvětšila, což ohrožovalo mozek.

Na JIP ztrácely oči dítěte schopnost zaostřit na objekt a rohovka vysychala. Kyslíková maska s dýcháním nepomohla. Po elektrickém šoku začalo jeho srdce lehce bít. Ale pokaždé nejpozději za půl hodiny přestalo.

Když otec dítěte řekl lékaři, že zaveze syna do jiné nemocnice, lékař nejdříve nesouhlasil. Vysvětlil mu, že i kdyby dítě přežilo, bylo by mentálně postižené nebo zaostalé, protože jeho mozek byl již poškozen, a že by bylo lepší neprodlužovat jeho trápení.

Ale rodičům se nějak podařilo zařídit příjem dítěte v Lékařském centru Samsung za podmínky, že nemocnice nebude odpovídat za jeho život. Lékaři chtěli dát dehydratovanému dítěti nitrožilní výživu, ale nemohli najít žílu. Řekli, že dítě je na operaci příliš malé a že by s největší pravděpodobností nepřežilo.

Dalyong Lee a jeho žena v té době v Boha nevěřili. Ale na návrh Boksoon Lee přijali modlitbu přes systém automatické telefonní odpovědi. Boksoon Lee se za dítě tři dny modlila a postila. Dalyong Lee se rovněž postil 3 dny a každý den

Dalyong Lee a jeho syn Jungtaek, který z Boží milosti ožil (1996).

Jungtaek je nyní zdravý jako řípa.

poslouchal modlitbu, kterou jsme do systému automatické telefonní odpovědi nahráli. Poté se dítě začalo vzpamatovávat.

Asi po třech dnech, kdy skončil půst, bylo dítě z jednotky intenzivní péče přesunuto na normální pokoj. Po týdnu se dítě, které umíralo, úplně uzdravilo. Podle lékařů si z toho mělo odnést poškozený mozek, ale nestalo se tak. Dokonce i zrníčka vína z jeho plic zmizela. Bůh je ohněm Ducha svatého rozpustil. Doktoři byli s rozumem v koncích.

Díky této příhodě začal Dalyong Lee a jeho žena věřit v lásku všemohoucího Boha. Přijali Pána a stali se křesťany. Jejich syn Jungtaek zdárně roste a přijímá lásku v církvi i ve své škole.

Bohoslužba přes satelit

Naše bohoslužby jsou přenášeny přes satelit do celé Koreje. Díky této satelitní službě může Duch svatý působit i v pobočkách naší církve. V červenci 1998 se Eunkyeong Shin uzdravila ze své nemoci, když poprvé přišla do církve Masan Manmin.

Eunkyeongina matka se zeptala: "Eunkyeong, byla jsem na bohoslužbě v církvi Masan Manmin a našla jsem vnitřní pokoj. Nechceš tam jít se mnou?"

Eunkyeong byla tenkrát v 8. třídě. Překvapilo ji, že její nevěřící matka ji zve do církve. A tak k nám začala chodit. Od 3. třídy trpěla neurózou, slabostí, ztrátou apetitu, žaludečním katarem a bolestí hlavy. Na studium se soustřeďovala jen s obtížemi.

Když byla ve 4. třídě, náhle se jí začalo špatně dýchat. Bušila do své hrudi, ale omdlela při tom, a tak ji zavezli do nemocnice. Když začala chodit na 2. stupeň základní školy, vytvořil se jí pásový opar. Celé tělo ji svědilo a píchalo. Kvůli prudkým bolestem hlavy nemohla spát. Připadala si, že jí praskne hlava. Pohubla a byla z ní jen kost a kůže. Brala léky, ale ty příliš nezabíraly. Její rodina tím trpěla také. Když byla velmi malá, chodila do církve, ale neměla opravdovou víru. Měla pořád obrovské bolesti a její šance na normální život byly pramalé.

12. července 1998 poslouchala satelitní nedělní bohoslužbu v církvi Masan Manmin. Po bohoslužbě se konala modlitba za nemocné. Eunkyeong přiložila ruce na nemocné části těla a přijala modlitbu. V tom okamžiku Bůh všechny její nemoci uzdravil ohněm Ducha svatého.

Veškerá bolest okamžitě ustoupila. Od té doby nemusí Eunkyeong brát žádné léky. Je zdravá a zpívá jako sólistka v naší církvi.

Kázání o napnutém rozpočtu dříve než MMF

2. listopadu 1997 při nedělní bohoslužbě jsem ohlásil, že na vstupní přepážce církevní budovy jsou k dispozici žetony na autobus. Každý, kdo do církve přišel, si je mohl vzít.

Tenkrát jen málo Korejců znalo zkratku MMF znamenající 'Mezinárodní měnový fond'. Patřil jsem k nim, ale Bůh mne informoval o tom, že korejská ekonomika je na tom špatně, a tak jsem připravil tyto žetony pro členy, kteří byli v těžké finanční situaci.

Necelý měsíc poté se Mezinárodní měnový fond skloňoval na stránkách všech korejských novin. 21. listopadu 1997 propukla v Koreji finanční krize. Korejská ekonomika se zhroutila a vláda požádala MMF o úvěr. Mnoho podniků zkrachovalo a lidé ztráceli práci a nezřídka končili na ulici.

Také já jsem se snažil uskromnit. Požádal jsem členy své rodiny, aby kromě rýže nejedli více než tři jídla. Taktéž jsem je požádal, aby nechodili tak často nakupovat na trh. Samozřejmě jsem si musel utáhnout opasek jako první, protože členové církve na tom byli finančně špatně.

O nadcházející ekonomické krizi jsem věděl dlouho dopředu. V prosinci 1995 mi dal Bůh vědět, že korejská ekonomika si projde těžkými časy, a řekl mi, že se mám uskromnit.

28. ledna 1996 jsem na bohoslužbě pro pracovníky církve kázal na téma "Požehnání cestou skromnosti." Požádal jsem církev, aby začala ve všech oblastech šetřit. Neutratil jsem ani halíř z platu, který mi církev dávala za pastorskou činnost. Nabídl jsem ty peníze zpět Bohu, který mi je dal.

Když vyjádřili své díky ti, kteří se uzdravili a kterým se díky mé modlitbě dostalo milosti, posbíral jsem jejich dary a nabídl jsem je Bohu na charitativní a misionářskou práci.

Bůh mi hojně žehnal a finančně jsem na tom byl velmi dobře, ale měl jsem ve zvyku každou minci obrátit dvakrát. Vždyť díky ušetřeným penězům můžeme pomoci dalším lidem a provádět další misionářskou práci.

Naší církve se finanční krize také dotkla, ale i tak jsme pomáhali jiným církvím, které se ocitly v potížích, zejména církvím ve venkovských oblastech, a to bez ohledu na denominaci. Rovněž jsme se všemožně snažili provozovat charitativní činnost a poskytovat stipendia, aby žádní členové nehladověli a aby studenti nemuseli přestat studovat kvůli tomu, že nemají na školné.

15. výročí církve

12. října 1997 přišlo mnoho hostů oslavit 15. výročí naší církve. Měli jsme rovněž zvláštního hosta. Navštívila nás starší církve, Heeho Lee, žena Kim Te-džunga, předsedy Sjednocené lidové strany za novou politiku a členka správní rady Asijsko-pacifické mírové nadace a oslavila s námi naše výročí.

Roky plynuly a účastnili jsme se stále více misionářských projektů různých korejských církevních asociací a stále častěji nás někdo žádal o pomoc a podporu. Naše církevní umělecké skupiny byly také velmi vytížené. 5. února 1998 jsem byl jakožto řečník a kazatel pozván na modlitební a postní horu Osan-ri. 19. května jsem se jakožto výkonný prezident Evangelizačního výboru prokurátorů účastnil akce 'Kampaň proti násilí na školách'.

Náš církevní orchestr Nissi si získal v křesťanské komunitě proslulost a vystupoval při mnoha příležitostech.

Hráli na konferenci 'Překonejme národní krizi modlitbou'

Heeho Lee, bývalá první dáma Koreje, na oslavě 15. výročí církve.

na hlavním olympijském stadiónu Jamsil, na 'Charitativním koncertu pro potřebné', na 'Chválícím koncertě' pořádaném Evangelizačním výborem prokurátorů, na 15. Velikonočním chválícím hudebním festivalu pořádaném rozhlasovou stanicí CBS, při příležitosti 44. výročí CBS a na akci CBS nazvané 'Vize pro 21. století'. Rovněž se představili na mnoha místních významných akcích po celé zemi.

Má kázání byla v éteru 980 minut týdně, a to na FEBC (Far East Broadcasting Center) a CBS (Christian Broadcasting System). Vysílala se rovněž v jiných zemích včetně USA, Ruska,

Kanady a Austrálie.

V srpnu 1998 zahájila naše církev živé přenosy po Internetu. Mnoho lidí, kteří je poslouchali, se uzdravilo. V místních korejských modlitebnách běžela má kázání prostřednictvím satelitu již od prosince 1996.

"Hnutí proti násilí na školách".

Zahajovací bohoslužba misie světového poháru 2002.

Orchestr Nissi na různých křesťanských akcích.

Bůh chce pšenici

Rozšíření naší misijní činnosti je velmi důležité, ale jádrem pastorské služby je udělat z věřících pšenici, jak se píše v Matoušovi 3:12. Zde čteme: *"Lopata je v jeho ruce; a pročistí svůj mlat, svou pšenici shromáždí do sýpky, ale plevy spálí neuhasitelným ohněm."*

Bůh chce, aby se z jeho dětí stala skutečná pšenice, a proto do dnešního dne tříbí lidskou civilizaci. Křesťané by měli být schopni rozeznat, zda jsou skutečnou pšenicí, která miluje Boha a žije podle jeho Slova, nebo plevami, které milují svět a uzavírají s ním kompromisy skrze žádostivost těla, očí a vychloubačnou pýchu tohoto života.

Pšenice dosáhne věčného života a půjde do nebe, kdežto plevy spadnou do pekelného ohně a budou navždy trpět. Jestliže půjdeme do nebe, budeme pobývat v různých příbytcích a získáme slávu podle svých skutků a své víry. Vypovídá o tom mnoho částí Bible.

Apoštol Pavel řekl o vzkříšení v 15. kapitole Korintským toto: *"Jiná je záře slunce a jiná měsíce, a ještě jiná je záře hvězd, neboť hvězda od hvězdy se liší září"* (1 Korintským 15:41). Podle toho, co jsme konali na zemi, se nám dostane slávy slunce, měsíce nebo hvězd.

Milovat Boha

V Janovi 14:15 řekl Ježíš: *"Milujete-li mne, budete zachovávat má přikázání."* Bůh nám říká, abychom dodržovali jeho přikázání, abychom nedělali, co zakazuje, abychom se zbavili toho, čeho chce, abychom se zbavili, a abychom dodržovali jeho Zákon.

Přísloví 8:13 říká, že bát se Boha znamená vyhýbat se ďáblu a v 1 Tesalonickým 5:22 se říká, že ti, kdo Boha doopravdy milují, odhodí veškeré formy zla.

Žijeme-li ve světle a podle Božího slova, můžeme mít srdce Pána Ježíše a stát se lidmi ducha. Nadto můžeme získat předpoklady vstoupit do nového Jeruzaléma, pakliže budeme věrní v celém Božím domě a stanou se z nás lidé neporušeného ducha.

Když jsem byl malý chlapec, má matka chodívala na trh s těžkým nákladem na hlavě. Nejkratší cestou to bylo 12 km, takže se zpáteční cestou musela ujít 24 km. Když mi bylo 5 nebo 6 let, vždy jsem ji doprovázel.

Musel jsem být na nohou od brzkého rána do pozdního večera, ale nedal jsem najevo, jak moc mě bolí nohy, protože jsem chtěl být s matkou a ne sám doma. Na trhu toho bylo mnoho k vidění a mou pozornost si vždy získal prodavač sladkostí.

Při pohledu na všechny ty dobroty se mi sbíhaly sliny. My

jsme mívali jako zákusek jen sladké brambory nebo kukuřici. Ale to mi nestačilo. Matce moje chutě nemohly ujít.

Řekla: "Jaerocku, chceš nějakou sladkost?"

Hledala po kapsách jeden won. Ale já jsem ji zatahal za ruku a řekl. "Ne, mami, nechci. Pojďme."

Za jeden won se dalo koupit mnoho sladkostí. Ale má matka chodila takovou dálku pěšky, aby ušetřila za autobus. Jeden won pro ni bylo opravdu hodně peněz. Já jsem to věděl, a tak jsem se pokusil potlačit svou chuť na sladké.

Všemi silami jsem se snažil nepřidělávat rodičům starosti a potěšit je. Od té doby, co jsem se setkal s Bohem, Otcem mého ducha, přeji si pouze zalíbit se mu.

Pokud by ve mně sídlilo zlo, které Bůh nenávidí, moc by ho to zarmoutilo. Nemohl bych takové zlo přijmout. Začal jsem se zbavovat zla ve svém srdci modlitbami a půstem.

Kapitola 2

Koho máme
poslouchat?

Bůh mi zjevuje věci, které přijdou

Od novoroční bohoslužby roku 1998 jsem často plakal. Plakal jsem dokonce, i když jsem v církvi vedl kázání. Pokračovalo to celý rok. Jelikož Bůh mi řekl, že církev projde zkouškami a že někteří lidé mne ze sobeckých motivů zradí, modlil jsem se, i když mi bylo smutno.

Bůh mi řekl, že prostřednictvím těchto tří zkoušek vytrhá plevel a oddělí zrno od plev. Boží prozíravost nás, jeho posvěcené děti, vedla k dovršení světové misie a stavbě velkého chrámu.

Po probuzeneckém setkání v květnu 1998 mi Bůh dal vizi velkého chrámu, který bude díky Boží prozíravosti postaven na konci věků. Ukázal mi rovněž scénu, která se odehraje hned po vytržení. Viděl jsem mnoho lidí, kteří přišli na bohoslužbu do velkého chrámu. Najednou se ve stropě otevřelo nebe a objevil se otvor ve tvaru kříže. Mnoho věřících bylo uchváceno v oblacích vzhůru. Ti, kteří se takto vznesli, se změnili v duchovní bytosti v bílém plátnu.

Ale všiml jsem si, že někteří lidé nebyli uchváceni v oblacích vzhůru a zůstali na zemi. Když zjistili, že se nevznesli, propadli zoufalství. Někteří z nich zklamáním omdleli. Jiní truchlili a bili hlavou o zem.

Mezi těmi, kteří se nevznesli, byli pastoři a lidé, kteří se mnou pracovali. Samozřejmě, že mi bylo jasné, co se děje. Mysleli si, že jsou věřící, ale v Božích očích byli jen plevami.

Ti, kteří zůstali na zemi, se srdceryvně káli, ale dveře ke spasení se jim již uzavřely. Sešli se ve velkém chrámu a modlili se a chválili Boha. Ale Duch svatý byl již pryč, a tak se jim nemohlo dostat Boží milosti. Zbyl tu svět zla ovládaný ďáblem a Duch svatý jim nemohl nijak pomoci.

Svatební hostina v nebi, soužení na zemi

Věřící, kteří jsou jako pšenice, se vznesou v oblacích vzhůru, setkají se s Pánem a zúčastní se sedmileté svatební hostiny v nebi. Bude to vypadat jako ve snu. Na zemi mezitím dopadne sedmileté veliké soužení. Během té doby, jak se píše v knize Zjevení, vypukne třetí světová válka. Silnější národy použijí zbraně hromadného ničení a jaderné zbraně. Země bude čelit dosud nevídanému utrpení.

Velký chrám postavený naší církví bude převzat zlými lidmi a používaný jako mučírna. Někteří lidé možná hrůzy třetí světové války přežijí, ale jakmile se objeví antikrist, nebudou moci dále žít bez toho, aby se nechali označit znamením 666, protože antikrist zakáže veškerý prodej a nákup bez znamení na čele nebo na pravé ruce (Zjevení 13:16-18).

Znamení 666 je jízdenkou do pekla a ti, kteří to vědí, utečou do hor, aby se jí vyhnuli. Ale budou pronásledováni a chyceni. Pokud odmítnou znamení přijmout, budou mučeni.

Bůh mi zjevil scény mučení. Mučicí zařízení opravdu nahánělo strach. Byla to sofistikovaná technologie. Někteří lidé při mučení zapřou Pána Ježíše a dostanou znamení 666. Vědí, že když zapřou Ježíše a dostanou znamení, nemohou být spaseni, ale nedokážou mučení vydržet.

Jen si představte, že vaše milované děti nebo rodiče někdo strašným způsobem mučí. Je extrémně těžké překonat bolest a stát se mučedníkem. Ti, kteří toto mučení vydrží a stanou se mučedníky, dosáhnou 'paběrkového spasení'.

Držet se Boha i ve smutku a slzách

Paní 'H' působila jako pastorka v mé církvi. Bůh jí dal mnoho příležitostí k pokání a návratu k němu, ale ona to neudělala. Bůh jí dal velmi vzácný dar a svou milost, ale ona se stala arogantním člověkem. Páchala hříchy a působila církvi potíže. Až do samotného konce se odmítala zbavit svých sobeckých pohnutek. Bůh od ní nakonec odvrátil svou tvář.

V té chvíli se stala obětí ďábla. Myslela si, že pokud se jí podaří mě zničit, ovládne celou církev. S jinými lidmi v církvi proti mně kula pikle. Jednomu rádiu předala smyšlené informace a podvedla tak mnoho lidí.

Nakonec šířila pomluvy a církev opustila. Ve vidění jsem viděl, že byla ponechána na pospas sedmiletému soužení a že byla mučena. Když jsem viděl lidi, kteří se nevznesli, ale zůstali na zemi, byl jsem velmi šokován a zarmoucen.

Modlil jsem se: "Bože, Otče, dej, ať nikdo nezůstane na zemi.

Zejména ti, kteří vyučují druhé, vedoucí pastoři a zaměstnanci by rozhodně neměli zůstat na zemi a projít sedmiletým soužením. Prosím, dej jim ducha pokání, ať se mohou navrátit k tobě a získat spasení."

Normálně se jen tak nerozpláču, ale od té doby, kdy jsem viděl tuto scénu, jsem plakal docela často. Když jsem se šel do hor modlit, držel jsem se v slzách Boha a žádal jsem ho, aby je nezatracoval.

Duchovní svět se otevírá

Od 4. do 14. května 1998 se konalo 6. Speciální dvoutýdenní probuzenecké setkání pod názvem 'Bůh je světlo'. Většina členů se na něj připravovala půstem a modlitbami. Po konci probuzeneckého setkání se mnohým z nich otevřel duchovní zrak a byli naplněni Boží milostí.

Milujeme-li Boha, neustále se k němu modlíme. Chceme slyšet jeho hlas a toužíme po duchovním světě. Stejně jako každý den toužíme mluvit a setkat se s těmi, které milujeme, budeme vždy chtít vidět Boha a slyšet jeho hlas, pokud jej milujeme.

Bůh viděl, že členové naší církve se snaží žít ve světle a podle jeho Slova. Vylil na ně mnoho milosti a mnoho z nich mohlo uvidět duchovní svět. Kromě toho se stalo mnoho věcí, díky kterým mohli na vlastní kůži okusit skutky Boží moci. V Jakubovi 1:17 stojí: *"Každý dobrý dar a každé dokonalé obdarování je shůry, sestupuje od Otce nebeských světel. U něho není proměny ani střídání světla a stínu."*

Ve 3. kapitole Skutků apoštolů se díky Petrovi postaví na nohy chromý muž. Když Petr a Jan kázali o vzkříšení Pána Ježíše, 5 000 lidí přijalo Krista ještě tentýž den. Úředníci, židovští starší a zákoníci, kterým se dobrá zpráva o vzkříšení nezlíbila, si apoštoly zavolali a pohrozili jim, aby přestali šířit evangelium. Skutky 4:18-20 říkají: *"Zavolali je tedy a přikázali jim, aby jméno Ježíšovo vůbec nerozhlašovali a o něm neučili. Ale Petr a Jan jim odpověděli: 'Posuďte sami, zda je před Bohem správné, abychom poslouchali vás, a ne jeho. Neboť o tom, co jsme viděli a slyšeli, nemůžeme mlčet.'"*

Apoštolové věděli, že je to Boží vůle. Kdyby se báli šířit evangelium jen kvůli strachu z pronásledování a utrpení, křesťanství by se nikdy nerozšířilo.

Díky úsilí apoštolů, kteří Boha vášnivě milovali a nebáli se smrti, dnes křesťanství kvete a nese plody.

Nemůžeme popřít, co vidíme a slyšíme

Ti, jejichž duchovní zrak se otevřel, viděli Boha, proroky a anděly. Dokonce slyšeli i duchovní hlasy. Protože byli přitom, jak spatřili duchovní svět, naplněni Boží milostí, říkali o něm i ostatním. Ale i když vysvětlili, co viděli, přirozeně tu a tam se něco přidalo nebo vynechalo, jak se tato zpráva šířila od jednoho člověka k druhému.

Není nic špatného na tom, když o tom mluvíme, ale oni si k tomu, co viděli, přidávali vlastní myšlenky a nebyli schopni rozlišit, o čem mluvit a o čem nikoliv. To způsobilo problémy. Ale nemohl jsem členům církve přikázat, aby mlčeli jen ze strachu z těchto vedlejších následků. Musel jsem se s tím smířit, aby mělo více lidí naději v nebeské království a postoupilo do hlubší úrovně duchovna s novým Jeruzalémem jako konečným cílem.

V červnu 1998 jsem některým z pracovníků církve řekl: "Členové církve vidí duchovní svět a já proto budu odsouzen jakožto heretik. Bude to velká zkouška. Ale jelikož Boží vůle je, abychom viděli duchovní svět, nemám jinou možnost."

Věděl jsem, že se to proti nám časem obrátí, ale nebránil jsem jim v tom, aby viděli duchovní svět. To Bůh jim otevřel duchovní zrak a nechal je nahlédnout do duchovního světa, a tak jsem si netroufal je zastavit.

Čím více víme o duchovním světě, tím více toužíme po nebeském království a tím snadněji odhodíme temnotu tohoto světa. Posílí se naše naděje v nebeské království i naše duchovní víra a budeme se těšit na nový Jeruzalém.

Nepřítel ďábel vždy hledal Mesiáše, dokonce i před narozením Ježíše. Jakmile se Ježíš narodil, ďábel se snažil jej prostřednictvím Heroda zabít. Stejně tak se o to pokoušel i během jeho veřejné služby. Když nadešel ten správný čas, podnítil zlé lidi a nechal ho ukřižovat.

Nebeského království dosáhneme duchovním bojem. Pastoři a Boží služebníci musejí o duchovním světě vědět. Když o něm nevíme, nemůžeme uplatňovat moc nad nepřítelem ďáblem a satanem. Jen tehdy, pokud známe řádně jeho identitu, můžeme nad ním vládnout a projevovat Boží moc.

Ve Skutcích 16:16-18 vidíme, že apoštola Pavla pronásledovala po mnoho dní jedna mladá otrokyně a obtěžovala jej. Byla posedlá démonem a měla věšteckého ducha. Ale Pavel démona nevyhnal.

Mohl zkrátka říci: "Nečistý démone, ve jménu Ježíše Krista vyjdi z této ženy!" a démon by byl odešel. Tak proč to Pavel neudělal? Čekal, protože věděl, že by to dělat neměl.

Kdyby z ženy démona vyhnal, lidé, kteří z jejího věšteckého umění profitovali, by přestali vydělávat a začali by Pavla pronásledovat. Ale když už to nemohl vydržet a démona vyhnal, co se přihodilo? Předvedli ho před dav. Byl svlečen, zbičován do krve a uvržen do vězení.

Bible je kniha o duchovním světě. Nepřítel ďábel nenávidí, když lidé vidí duchovní svět, protože díky tomu bude hlásáno evangelium a dovršeno Boží království. Ve 2 Královské 6:17 stojí: *"Potom se Elíša modlil: 'Hospodine, otevři mu prosím oči, aby viděl!' Tu Hospodin otevřel mládenci oči a on uviděl horu plnou koní a ohnivých vozů okolo Elíši."*

Elíša viděl koně a ohnivé vozy na hoře svým duchovním zrakem. Potom, co Štěpán kázal evangelium, byl naplněn Duchem svatým a řekl: *"Hle, vidím nebesa otevřená a Syna člověka, stojícího po pravici Boží"* (Skutky 7:56). Poté začali zlí lidé hrozně křičet, zacpávat si uši a vrhli se na něho s cílem jej ukamenovat. Když Štěpán kázal evangelium a upozorňoval lidi na jejich hříchy, mnozí se na něj rozhněvali (Skutky 7:54).

Kdyby Štěpán neřekl, že brána nebes je otevřená a že vidí Ježíše, nebyl by ukamenován k smrti. Jelikož jeho duchovní zrak byl otevřený a protože mluvil o duchovním světě, zuřili, protože nemohli vidět to, co viděl on.

Říkali. "Andělé? To je iluze! Mýlí se. Je to všechno podvod!" A takových řečí vedli spoustu.

Na pilířích modlitebny se objevily kresby

21. června 1998 po večerní bohoslužbě jsme na čtyřech pilířích oltáře v hlavní modlitebně spatřili kresby lidí. Myslím, že

se Bohu líbilo, že jsem po večerní bohoslužbě chodíval na setkání na modlitební horu. Přikázal svým andělům, aby ty kresby vryli do čtyř pilířů modlitebny. Kresby byly tak zřetelné, že je mnozí lidé rozeznali.

Byly to obrázky Ježíše přibíjeného na kříž a obrázky Pavla, Jana a Petra. Zpráva o tom se rychle rozšířila a během toho týdne nás navštívilo 7 000 lidí, kteří si je chtěli prohlédnout.

Na ostrově Patmos se nachází obrázek apoštola Jana. Jeho čelo je nateklé, protože bil během modlitby silně hlavou o skálu. Tentýž obrázek se objevil na pilíři v naší modlitebně. Jan na něm měl rovněž nateklé čelo. Petr měl mohutný plnovous.

Všichni členové viděli, jak Ježíš krvácí na hlavě z míst, kde ho bodaly trny. Také viděli, že jeho bok je proboden kopím a byli naplněni emocemi. Tyto kresby přetrvaly po mnoho týdnů. Lidé si je fotili a natáčeli na video. Jeden diákon, který měl malířské nadání, si je i obkreslil.

Bůh ukazuje světlo duchovního těla

Každý má tělo, ale být skutečným člověkem spočívá v tom, že máme ducha. Když Bůh, který je sám duchem, stvořil člověka, vdechl mu v chřípí dech života a učinil z něj živého tvora (Genesis 2:7). Poté, co dovršíme své životy a odejdeme do nebe, budeme žít jako duchovní těla. Do té míry, do jaké se naše srdce bude podobat Ježíšovu srdci a do jaké získáme ztracený Boží obraz, budeme vyzařovat světlo různé intenzity.

Když Mojžíš sešel z hory Sínaj s desaterem Božích přikázání, jeho tvář zářila tak jasně, že lidé měli strach se k němu přiblížit. Mojžíš sám si to neuvědomoval. Později si přikryl tvář závojem, aby své bližní neděsil (Exodus 34:29-33).

Apoštol Jan.

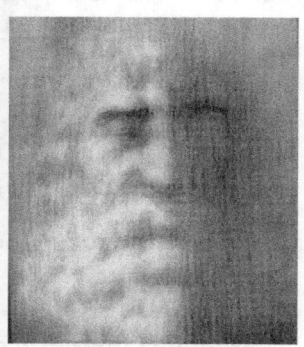

Ježíš na kříži.
Obrázky z pilíře namaloval malíř na papír.

Apoštol Petr.

25. července 1998 se během druhé části páteční celonoční bohoslužby přihodilo následující. Laskavý Bůh, který chtěl dodat věřícím větší naději na nebeské království, jim ukázal světlo duchovního těla. Viděli to všichni, nikoliv pouze ti, kteří měli otevřený duchovní zrak.

V jedné chvíli vycházelo světlo z mého duchovního těla a šířilo se kolem. Člověka, který vedl chvály, nebylo kvůli takovému intenzivnímu světlu vidět. Květinový věnec, který měl na sobě, se změnil v korunu. Když jsem přišel k oltáři, mé oblečení připomínalo dlouhou róbu a já jsem vypadal daleko vyšší.

Tuto scénu bylo možné sledovat na velkoplošné obrazovce a členové, kteří přišli na bohoslužbu, ji jasně viděli. Toto světlo pokrývalo celé okolí a ti, kteří seděli vepředu, zaznamenávali úžasné věci – jejich únava mizela a jejich nemoci také.

Jednou z nich byla Kyeong-ok Kim. V říjnu 1996 se stala obětí autonehody. Odnesla si z ní velmi vážnou invaliditu pátého stupně u obou dolních končetin. Skoro nechodila, a to ani s holemi. Do naší církve začala chodit nějakou dobu před nehodou.

Když při páteční celonoční bohoslužbě spatřila toto světlo, nejdříve si myslela, že je to jen odraz jiného světla. Ale když se pozorně podívala, zjistila, že ti, kteří se k světlu přiblížili, zmizeli. Dosvědčila, že jsem vypadal daleko vyšší a měl jsem na sobě oblečení jakoby z bílého plátna.

Uvěřila, že to není zinscenováno a že to není ani shoda okolností. Přesvědčila se na vlastní oči, že je to Boží dílo. Světlo zasáhlo její oči. Sténala strachem, protože se bála, že oslepne.

Ale po bohoslužbě zjistila, že může chodit bez holí. Říkali jí, že bude celý život invalidní, ale teď ji Boží milost uzdravila. Chodila úplně normálně. Ale protože věda tento duchovní zážitek nedokáže vysvětlit, řekli v rádiu, že je to celé vymyšlené a zinscenované.

Dodávka po nehodě.

Bůh chránil členy církve

Láskyplný Bůh chránil svýma planoucíma očima členy nejen ústřední církve v Soulu, ale také členy poboček naší církve rozsetých po celé zemi.

15. března 1998, když členové církve Daegu Manmin jeli na výroční bohoslužbu církve Masan Manmin, převrhl se jejich minibus na dálnici Kuma.

Jeli rychlostí 120 km za hodinu. Pravá zadní pneumatika praskla a minibus se otočil kolem své osy. Dopadl na prostřední pruh. Bylo v něm dvanáct dospělých a pět dětí. Vozidlo bylo

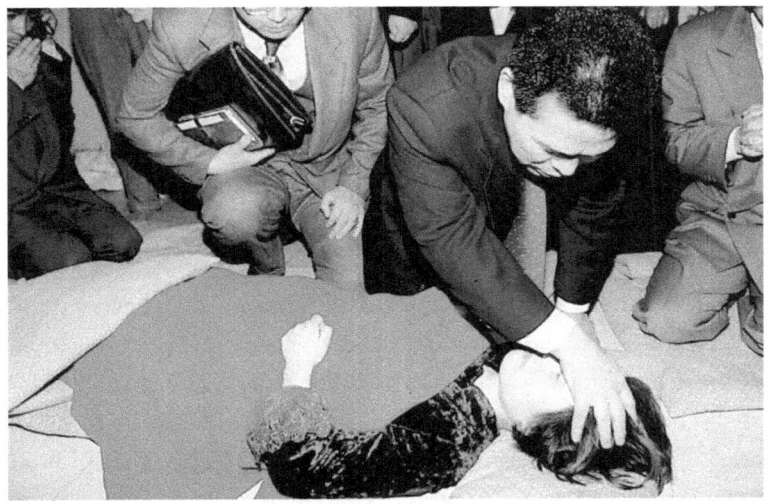

Sunhee Lee uzdraven po
nehodě modlitbou.

zcela zničené.

Byla to strašlivá nehoda. Člověk by řekl, že všichni museli zahynout. Ale Bůh všech sedmnáct členů osádky ochránil. Jedna cestující byla těhotná, ale nic se jí nestalo. Řekla, že když ji náraz vyhodil z okna a když dopadla na zem, cítila, že její tělo nese anděl.

Sunhee Lee si poranila páteřní a krční obratle. Přijela rychlá záchranná služba a chtěli ji odvézt do nemocnice. Ale ona chtěla jít s rodinou raději do církve Masan Manmin, ne do nemocnice.

Po bohoslužbě jsem se dozvěděl, co se stalo. Když jsem přišel do ošetřovatelské místnosti, kde Sunhee Lee ležela, modlil jsem se za ni a dotýkal jsem se jejího krku, ramen a zad.

Potom mi řekla, že když přijímala mou modlitbu, cítila něco horkého jako oheň a do žil se jí vlila nová síla. Hned po modlitbě se postavila. Prohlásila, že se také uzdravila z hemeroidů, které ji trápily už dva roky.

Podpůrná ruka během patnáctimetrového volného pádu

23. prosince 1998 byl diákon Joong-Ik Chun vedoucím protiteroristického týmu speciální policejní jednotky v Soulu. Konala se demonstrace buddhistických mnichů, kteří nelegálně okupovali sídlo buddhistické organizace Cho Gye Jong. Diakónův tým byl poslán na místo do chrámu Cho Gye Sa.

Když vylezli po žebříku na střechu patnáctimetrové budovy, opora žebříku se náhle zlomila a auto, které žebřík podpíralo, se převrátilo. Pět členů speciální policejní jednotky spadlo.

Fotografie pádu otištěná v novinách (Joong-Ik Chun zakroužkovaný).

Joong-Ik Chun v policejní službě.

Všechny místní noviny o tom psaly na první straně. Ale když diákon Joong-Ik Chun padal, důvěřoval, že jej Bůh ochrání, a nemyslel na to, že bude těžce zraněn.

Kdyby dopadl na záda, rozdrtilo by mu to páteř a měl by po celém těle zlomeniny. Ale dopadl na helmu. Rovněž cítil, že jeho tělo drží velká ruka a připadal si, jako by padal do bavlnky.

S hlasitým výkřikem dopadl na asfalt. Nejdříve byl trochu zmaten, ale když se rozhlédl, zjistil, že chrám Cho Gye Sa hoří.

Jeho čtyři kolegové utrpěli vážná zranění. Zůstali po celý život invalidní, ale diákon Joong-Ik Chun žádná zranění neměl.

Když jej záchranka odvezla spolu s jeho kolegy z týmu do nemocnice na diagnózu, lékaři, kteří měli službu, se jej udiveně ptali, zda je opravdu jedním z těch, kteří spadli z úrovně 5. patra.

Modlím se v slzách za ty, kteří zradili a způsobili škodu

I když mě pracovníci církve či pastoři někdy neposlechnou nebo podvedou, nikdy jsem nikoho nepotrestal. Stále jim odpouštím a doufám, že se změní.

V roce 1987 chtěl v naší církvi pracovat jeden pastor. Říkal, že se chystá založit církev v Daejeonu, a tak jsem ho finančně podpořil. V den, kdy se měla modlitebna jeho církve otevírat, tam někteří naši církevní zaměstnanci jeli. Ale žádná církev ani modlitebna tam nebyla. Ten člověk lhal a s penězi utekl.

Po několika letech za mnou ten pastor přišel, klesl na kolena a kál se. Odpustil jsem mu a nekladl jsem mu žádné otázky směřující k minulosti. Nechal jsem ho pracovat v církvi. Znovu řekl, že v Daejeonu založí církev. Dal jsem mu na to nějaké peníze. Založil církev, ale možná měl finanční problémy, tak odešel, aniž by mi o tom cokoliv řekl.

Ježíš vyučoval Jidáše Iškariotského až do samého konce

Jidáš Iškariotský viděl, jak Ježíš koná znamení a zázraky, které mohl způsobit jen Bůh svou mocí. Ale stále v Ježíše nevěřil. I když viděl konkrétní důkazy, jeho bylo srdce naplněno světskými věcmi. A proto si neuvědomil Boží vůli a nepřijal ji. Jidáš Iškariotský však hrál nezastupitelnou úlohu v Ježíšově životním poslání a v jeho úsilí o spasení lidí. Bible říká, že právě on Ježíše zaprodá (Jan 6:71).

"Ale někteří z vás nevěří." Ježíš totiž od počátku věděl, kteří nevěří a kdo je ten, který ho zradí (Jan 6:64).

Ježíš se snažil, aby Jidáš pochopil a došel k pokání, ale učedníci mu nerozuměli. Ježíš věděl, že ho Jidáš zradí, ale přesto jej až do samého konce zahrnoval láskou. Neodsuzoval ho před ostatními učedníky. Neopustil jej.

I ti, kteří zradí

Bez ohledu na to, jaké srdce lidé měli, chtěl jsem, aby se srdce každého proměnilo v srdce plné dobroty. Nikdy jsem si nemyslel: "Na toho si musím dávat pozor, protože má špatné srdce." Nikdy jsem se od nikoho nedistancoval. Všem jsem důvěřoval.

Všem jsem důvěřoval, i když jsem jasně viděl, že má někdo v úmyslu mne zradit. Prostě jsem věřil, že v budoucnu se lidé změní a nezůstanou stejní. Takovým způsobem mohou růst jakožto pastoři a Boží služebníci.

I když jsem lidem důvěřoval, někteří z nich mne později

napadli a opustili církev. Kvůli jejich špatnosti jsem se velmi rmoutil. Hodně jsem zhubnul a ztratil jsem energii.

V roce 1991 se jeden pastor nabídl, že se ujme misijní organizace 'Misie světla a soli', která je určena těm, kteří pracují v odvětví distribuce různého zboží. Bůh mi tenkrát řekl, že tento člověk v budoucnu církev několikrát napadne. Řekl jsem jeho ženě, aby se modlila za to, aby se myšlení jejího manžela nezměnilo.

Protože jsem věděl, že se změní, ujal jsem se pracovníků 'Misie světla a soli' sám. Nakonec tento pastor odešel v roce 1997 s dalšími 30 členy. Řekl, že bude naší církvi pomáhat zvenku, ale jen se pokoušel přetáhnout naše členy do své vlastní církve. Šířil mnoho klepů, vyprávěl o mne, že jsem pomýlený, a narušoval práci naší církve.

Začátek první zkoušky

V červnu 1998 mi Bůh řekl: *"Očistím tvou církev od plevele. Ale nějaký nechám."* Upadl jsem do zármutku. Zkouška naší církve přišla v červenci.

Možná jsem byl moc měkký, protože jsem lidem odpouštěl, i když se dopustili velkých chyb. I když páchali neuvěřitelně špatné věci, se slzami v očích jsem se za ně modlil a chtěl jsem, aby činili pokání a obrátili se zpět. Bůh mi mnohokrát řekl, abych je vymazal ze svého srdce.

"Otče, nemůžeš jim odpustit? Jak mohou dojít spasení? Odpusť jim, prosím!" V roce 1998 jsem se pevně držel Boha a po mnoho měsíců jsem se za ně v slzách modlil. Dostal jsem odpověď: *"Pokud budou činit upřímné pokání, odpustím jim."*

Poté, co jsem dostal tuto odpověď, snažil jsem se o to, aby si to uvědomili a radil jsem jim, ale oni mě neposlouchali. Členové církve nechápali, proč při bohoslužbách tak moc pláču.

Od založení církve jsem pro pastory každoročně pořádal konference v zájmu jejich duchovního růstu. V červenci 1998 jsem se musel týden před konferencí pro pastory rozhodnout. Bůh mi znovu odpověděl: *"Můj služebníku, protože ty to udělat nemůžeš, udělám to já. Nemůžeš se dotknout jejich srdcí, postarám se o to já sám."*

Nedokázal jsem přijmout lidi, které neakceptoval Bůh. Nepřítel ďábel je obcházel jako lev řvoucí (1 Petrův 5:8). Věděl jsem, že satan bude špatné lidi ponoukat a snažit se mne zničit, ale neměl jsem jinou možnost, než to přenechat Bohu, protože on řekl, že se o to postará. Do jednoho člověka vešlo mnoho démonů. Viděl jsem jinou osobu, kterou sevřel obrovský had.

Někteří členové církve viděli obraz Lucifera, pána zlých duchů, a archanděla Michaela, velitele nebeské armády, kteří se spolu lítě rvali o zrádce, kteří stáli mezi nimi.

To všechno proto, že jsem je nechtěl nechat odejít ze svého srdce, ale pořád jsem jim dával šanci, aby se mohli změnit a vrátit zpět. Potom jsem uslyšel Boží hlas. *"Můj služebníku, vzdej to s nimi. Pokud je držíš ve svém srdci, nemá archanděl Michael na vybranou a musí jim pomáhat. Musíš je vymazat ze svého srdce. Jen tak mohu začít konat."*

"Staň se tvá vůle."

Přestal jsem se za ně modlit, protože už to jinak nešlo. Když jsem to s nimi vzdal, zkouška začala naplno. Byli to lidé, kteří mnoho hřešili a Bůh se rozhodnul je zavrhnout. Právě tihle lidé spolu byli v kontaktu.

Tehdy, po té skývě vstoupil do něho satan. Ježíš mu řekl: "Co chceš učinit, učiň hned!" Nikdo u stolu nepochopil, proč mu to řekl (Jan 13:27-28).

V červenci 1998 připravili někteří z těch, kteří mne po konferenci pastorů chtěli zradit, plán. Jedna pastorka řekla, že se chystá činit pokání tím, že se bude více než měsíc modlit, dokud jí Bůh neodpustí.

Bůh jí od založení církve dal mnoho darů Ducha svatého. Já sám jsem ji však zřídka viděl v modlitbách. Za tu spoustu let se vůči Bohu dopustila mnoha prohřešků, které se nashromáždily a už s ním nedokázala komunikovat. Vůbec už neprojevovala skutky Ducha svatého, který v ní přestal působit.

Bůh jí již všechny dary vzal. Navíc, jelikož nám vyrůstali noví vedoucí chval, cítila, že její pozice je ohrožena. To ještě znásobovalo její závist a žárlivost. Doporučil jsem jí, ať se před Bohem důkladně kaje. "Když půjdeš na modlitební horu, čiň prosím úplné pokání a zboř veškeré hradby z hříchů."

Ona mi však řekla něco, co jsem nečekal. Řekla: "Posledních 17 let jsem tě sledovala a nikdy ses nedopustil prohřešku proti pravdě. Tvůj život je bez poskvrny a Bůh tě velmi miluje."

Na modlitební horu se však modlit nešla. Náhle se ukázalo, že je klíčovou aktérkou zrádného plánu, který na mne vymysleli. Poté, co byly její hříchy v církvi zveřejněny, už je nemohla déle skrývat, a tak se setkala s lidmi, kteří církev opustili a připravila s nimi zradu.

Začala šířit mnoho zlovolných pomluv, a to i v tištěné formě. Rozdávala je různým církevním organizacím, tisku i mnoha pastorům různých denominací. Zveřejňovala je i na Internetu. Cílem bylo vykreslit mne jako heretika. Pomluvy se znásobily až do stovek lží. Ti lidé ukazovali padělané dokumenty rozhlasovým společnostem, které vysílaly mé bohoslužby, aby je přiměli vysílání zastavit.

Ta žena měla v úmyslu mě zničit. Toužila stát v čele církve místo mne a převzít ji do svých rukou. Založila si církev poblíž mé a šířila vymyšlené historky.

S dalšími lháři vyrobila dopisy a nahrávky, které rozšiřovala. Snažila se zmást členy naší církve a přimět je k přestoupení do své církve. Musel jsem to členům naší církve vysvětlit.

Cítil jsem, že by lež mohla nakonec zvítězit nad pravdou.

Když Potifarova žena pokoušela Josefa, razantně ji odmítl. V Genesis 39:12 čteme: *"Tu ho chytila za oděv se slovy: 'Spi se mnou!' Ale on jí nechal svůj oděv v ruce, utekl a vyběhl ven."*

Potifarova žena si vymyslela, že ji Josef chtěl znásilnit, ale utekl, když začala křičet, a zapomněl tam svůj oděv. Když to vyprávěla svému muži, rozzuřil se. Josefa se na nic neptal a uvrhl jej do žaláře, kde byli zavřeni královí vězni. Když soudíte jen podle něčích slov, můžete se snadno zmýlit.

Josef byl falešně obviněn a vsazen do vězení. Mlčel však, protože rodina jeho pána by byla rozbita, kdyby řekl pravdu. Ve vězení však Josef nebyl pošpiněn mnoha lživými věcmi, které zde viděl.

Když se Josef staral o Potifarovi domácnost, naučil se zásadám řízení. Jakmile byl uvězněn, učil se politice. I když byl ve vězení, Bůh byl s ním. Josef se nakonec stal v Egyptě vysoce postaveným mužem, prvním člověkem po faraónovi. Znamená to, že Bůh prokázal jeho nevinu.

Prozíravost při uzdravovacích setkáních

Druhá zkouška přišla v listopadu 1998. Mezi pastory v naší církvi byla pšenice i plevel. Jedné rodině se dostalo zvláštní Boží milosti.

V roce 1989 byli tři členové této rodiny včetně pastorovy matky na prahu smrti poté, co se otrávili plynem, ale po mé modlitbě se zcela uzdravili bez jakýchkoliv následků. Byla to velká rodina a většina z jejích členů již byla svědky toho, jak jsem modlitbou uzdravil nevyléčitelné nemoci.

Dostalo se jim od Boha mnoho milosti a lásky, ale jak se jejich pozice v církvi postupně upevňovaly, začali být arogantní. Dal jsem jim mnoho příležitostí k pokání, ale oni zůstali zatvrzelí až do samého konce. Ukázalo se, že pastor vynášel z církve citlivé dokumenty, které byly vnitřním tajemstvím církve. Jeho velké hříchy vyšly najevo.

Jeho rodina vzápětí církev opustila. Založili církev blízko té mé. Mezi členy naší církve rovněž šířili falešné pomluvy a doporučovali jim, aby přešli k nim.

V průběhu těchto událostí se ukázalo, že i jiní čelní pastoři byli sobečtí a rozhodli se církev opustit. Spojili se a společně šířili falešné pomluvy, aby naše členy zmátli a přiměli je přejít do jejich nové církve. Nejprve ze sobeckých důvodů drželi pospolu, ale později se znesvářili a rostla mezi nimi vzájemná nevraživost. Začali se navzájem potírat.

Protože Bůh znal satanovy plány, pohnul mým srdcem a vnuknul mi myšlenku, abych uspořádal setkání a uzdravoval tam lidi. Počínaje prvním listopadovým týdnem jsem každodenně uzdravoval nemocné po dobu šesti týdnů. Byli tam i takoví, kteří odmalička trpěli dětskou obrnou a uzdravili se. Mnozí vstali ze svých invalidních vozíků a chodili. Uzdravili se i lidé trpící rakovinou. Mnoho lidí na vlastní kůži zakusilo Boží zázraky.

Protože se každý den konala znamení, která jsou popsána v Bibli, nemohl jsem jinak než být Bohu vděčný a děkovat mu. Živý Bůh nám ukázal, že nás miluje a že vždy byl, je a bude s námi. Díky této Boží prozíravosti, kdy mohli členové naší církve vidět všechna tato znamení, prošli všemi těmito zkouškami.

V listopadu 1998 přišla starší paní jménem Boonneum Kim navštívit do Soulu svého syna. V důsledku namáhavé práce v zemědělství měla úplně ohnutá záda. Trpěla již deset let. Bylo jí moc líto, že si svou vnučku nemůže ponosit na zádech.

Na návrh svého syna se zúčastnila našeho uzdravovacího setkání. Poté, co jsem se za ni pomodlil, se její páteř, která byla ohnuta do pravého úhlu, zcela narovnala a žena oslavovala Boha.

Před probuzeneckým uzdravovacím setkáním v listopadu

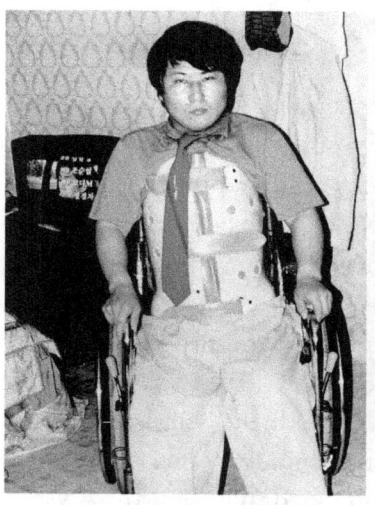
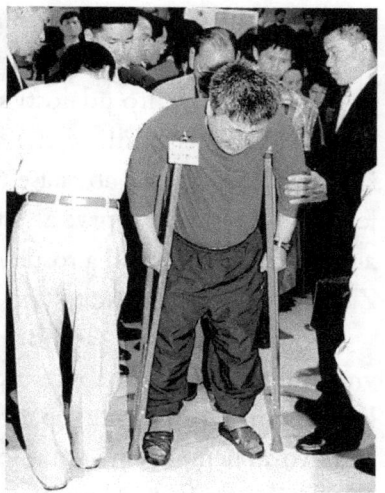

Yoonsup Kim před uzdravením s páteřními
výztuhami a na invalidním vozíku.

Přijetí modlitby na probuzeneckém setkání v
roce 1999.

1998 trpěl Yoonsup Kim invaliditou 1. stupně, což znamená
úplné zmrzačení. Bez invalidního vozíku se nemohl vůbec
pohybovat. V květnu 1990 spadl z 5. patra budovy v Daejeonu,
kde pracoval jako elektrikář.

Zavezli ho do nemocnice, kde ležel šest měsíců v bezvědomí.
Jeho čtvrtý a pátý obratel byly zlomené a jedenáctý a dvanáctý
také. Měl také poškozená játra. Byl v kritickém stavu.

Prošel léčbou a terapií a v roce 1993 jej nakonec lékaři zařadili
do 1. stupně invalidity. Trpěl bolestmi celé dny. Jeho sousedé jej
evangelizovali, a tak přišel nakonec na naše uzdravovací setkání.

Sám nemohl ani do koupelny a na záchod. Již během mé
modlitby vstal z invalidního vozíku! Brzy ani nepotřeboval
páteřní výztuhy a mohl začít chodit s berlemi. Rovněž si zase

Naprosto zdráv v kruhu šťastné rodiny.

mohl rovně lehnout. V následujícím roce, v květnu 1999, se zúčastnil Speciálního dvoutýdenního probuzeneckého setkání a 12. května se mu dostalo silného ohně Ducha svatého.

Předtím musel chodit o berlích, což nebylo snadné. Ale když oheň Ducha svatého dopadl na jeho nohy, mohl zase chodit sám. Byl to dojemný moment, protože se poprvé za 9 let od nehody postavil na své nohy. Později se oženil a nyní má také překrásnou dcerku.

Bůh učí členy vyprat svá roucha

Bůh chtěl, abychom já i členové naší církve všechno řešili s dobrotou a láskou. Jedním z důvodů, proč na nás Bůh dopustil všechny ty zkoušky, bylo dát mi sílu k dovršení světové misie, ale dalším důvodem bylo, že Bůh chtěl, aby všichni členové církve vyprali svá roucha. Konkrétně chtěl, aby obřezali svá srdce, odhodili veškeré formy zla a stali se posvěcenými.

Radil jsem členům, aby se nedívali, neposlouchali a neříkali to, co není pravda. Bůh chce svaté rty. Pak nebude žádné odsuzování, souzení či pomluvy. Temnota nebude moci přijít a nepřítel ďábel nebude moci působit rozbroje.

Proti těm věřícím, kteří žijí ve světle, satan nic nezmůže. Díky těmto zkouškám dostali členové příležitost uvědomit si pravdu a najít sami sebe. Někteří z nich se však setkali s těmi, kteří šířili slova temnoty, podlehli jim a církev opustili.

V prosinci 1998 mi Bůh řekl, abych se modlil za to, abych

získal takovou Boží moc, s níž bych mohl oživit mrtvého Lazara stejně, jako to udělal Ježíš. Kdybych získal moc přivést modlitbou mrtvé k životu v souladu s Boží vůlí, mohl bych světovou misii dokončit velmi rychle.

Ale Bůh takovou moc nerozdává jen tak. Musíme mít odpovídající míru víry. Z tohoto důvodu musíme projít zkouškami ohněm, abychom získali charakter lásky a dobroty na velmi vysoké úrovni.

Bůh s radostí přijal jemu zasvěcenou modlitbu

V roce 1998, když jsem procházel těmito těžkými věcmi, jsem ztratil schopnost jíst. Rovněž jsem se modlil s velkým zármutkem v srdci. Rychle jsem ubýval na váze a ztrácel energii.

Jak mohli ti, kteří viděli a zažili tolik Božích zázraků a Božího působení a poslouchali slovo pravdy, během okamžiku odejít? Jak se z nich mohli stát pronásledovatelé? Přemýšlel jsem o jejich špatnosti a s lítostí jsem truchlil.

Obzvláště během šesti týdnů, po které jsem se s plným nasazením modlil za nemocné, jsem ztratil mnoho energie. Vážil jsem o deset kilogramů méně. I při prosté chůzi jsem měl strach, že zkolabuji. Kdybych dále hubnul, nebyl bych schopen kázat na bohoslužbách. Jednoho dne, když jsem se modlil, mi Bůh řekl, abych mu zasvětil modlitbu.

"Běž do hor a modli se. Modli se za světovou misii. Vzal jsem ti veškerou fyzickou energii, kterou jsi měl a nyní tě naplním nebeskou. Přišel čas. Běž a modli se za moc oživovat mrtvé."

V lednu 1999 jsem zahájil první modlitby zasvěcené Bohu, které trvaly měsíc. Bůh pohnul mým srdcem, abych se modlil za světovou misii a Boží prozíravost, která musí být na konci věků naplněna. Bůh mi řekl o moci, která přesahuje moc oživovat mrtvé a pověděl mi, abych se modlil za 'Moc nad mocí'.

Bůh přijal mé modlitby s radostí a dal mi na ně mnoho odpovědí. Jedna z nejúžasnějších věcí je, že se změnila i má postava. Nabyl jsem nové síly. Sám jsem byl překvapen. Když jsem byl mladý, chtěl jsem, aby můj trup vypadal jako "obrácený trojúhelník", a najednou jsem ho měl – mohutný hrudník a široká ramena.

Moje břicho se zatáhlo a měl jsem relativně štíhlý pas. Oplýval jsem energií a cítil jsem se, jako by mi bylo dvacet. Bůh změnil mou postavu, abych mohl zvládnout více práce pro něj a neunavil se.

Nepřítel ďábel mě chtěl zničit, ale Bůh mě ochraňoval. Dokonce mi dal v mžiku i silné tělo. Diákon, který mi dělal řidiče, byl rovněž velmi zaskočen a vyfotil si mě. Mé nové tělo velmi překvapilo i pomocné pastory.

Kapitola 3

Na co Ježíš myslel, když kráčel s křížem na Golgotu?

Začátek třetí zkoušky

Po skončení první série modliteb zasvěcených Bohu, jsem Bohu nabídl jednu sérii jemu zasvěcených modliteb za měsíc až do dubna. Zatímco jsem se během těchto čtyř modlitebních chvil modlil, nedokázal jsem ovládnout smutek, který mne přepadl, kdykoliv jsem si vzpomněl na ty, kteří opustili církev a mne i církev napadli. Nedokázal jsem se soustředit a pořádně se modlit.

V dubnu 1999 mi Bůh během modlitby seslal své slovo. Bůh mi řekl, že těm špatným lidem neodpustí. Jelikož jsem naplnil čas modliteb, které jsem Bohu slíbil, Bůh mi sdělil, že předvede svou moc, která překračuje hranice času a prostoru. Ještě předtím bylo mnoho lidí uzdraveno modlitbami přes Internet, a to i v jiných zemích. Bůh mi řekl, že se to nyní bude dít v širším měřítku.

Informoval mne: *"Můj služebníku, nemodli se již za ty, kteří tě obžalovali a opustili. Nebuď smutný bez ohledu na to, do jaké situace se dostali. Už jim neodpustím. Neodpustím nikomu, kdo chce tuto církev rozložit."*

Někteří z pastorů, kteří církev opustili, se spojili s jinými, kteří z církve odešli již dříve. Když jejich nepoctivosti vyšly najevo, začali spřádat ďábelské plány. Jednou z nich byla pastorka, která byla posedlá žárlivostí a ovládal ji satan.

Ti, kteří opustili církev ze zištných důvodů, vymýšleli plány na zničení naší církve. Spolčili se se zištnými úmysly. Když se projevilo, že se jejich zájmy liší, zase se rozešli.

V dubnu 1999 po dokončení čtvrté ze série modliteb zasvěcených Bohu, mi Bůh dal na srozuměnou, že nás čeká třetí zkouška. Boží záměr byl, že pokud ve zkoušce obstojím, dá mi neomezenou moc, proti níž nic nezmůže ani satan.

Bůh mi řekl, že se letošnímu probuzeneckému setkání dostane široké publicity a že se díky jeho vysílání dostaneme do povědomí na celém světě. Řekl jsem členům církve během kázání, že díky vysílání vejdeme ve všeobecnou známost. Naprosto jsem však nečekal, co přesně se stane.

Média musí zůstat objektivní

V květnu 1999 jsme uspořádali Speciální dvoutýdenní probuzenecké setkání. Když veškeré plány mých nepřátel na mé zničení selhaly, uchýlili se k médiím.

Rozhodli se, že zničí církev pomocí vysílání relací. Zasílali zfalšované dokumenty a svědectví produkčnímu týmu MBC (Munhwa Broadcasting Corporation).

15. dubna 1999 vytvořil produkční tým pořad založený na těchto informacích a rozhodl se, že jej 4. května odvysílá.

Je zřejmé, že média by samozřejmě měla zůstat objektivní. Měli si ověřit pravdivost a spolehlivost svých informací. Hodlali odvysílat něco, co mělo k pravdě velmi daleko. Pracovníci církve se o tom dozvěděli, a tak televizi požádali, aby tento jednostranný pořad nevysílala.

Řekli jsme jim, že nás brzy čeká velká událost, 'Speciální probuzenecké setkání', a že po jeho skončení s nimi budeme rádi spolupracovat.

Ale producenti mne navštívili 7. května u mne doma a chtěli rozhovor. Nesjednali si se mnou schůzku. Zkrátka přišli s kamerou a řekli, že by se mnou chtěli udělat rozhovor. Ani jsem o nich nevěděl, protože mi o nich nikdo neřekl.

Jako obvykle jsem byl na páteční celonoční bohoslužbě. Obvykle chodím na každou bohoslužbu vždy včas. Pokud se zpozdím byť jen o minutu, držím půst jako pokání.

Jelikož o tom pracovníci církve vědí, jasně lidem od televize vysvětlili, že dnes rozhovor nedostanou. Oni však později uvedli, že dali církvi možnost vyjádřit se, jenže já jsem před nimi utekl.

Překvapilo to celý svět

Zaměstnanci církve se pokusili vysílání zastavit soudním příkazem. Soud žádost přijal a vysílání muselo být o týden odloženo. 11. května soud rozhodl, že některé části programu nesmějí být vysílány.

Poté se zaměstnanci církve setkali s producenty a požádali je, aby pořad odvysílali až po probuzeneckém setkání a po ověření všech faktů. Jenže oni náš požadavek ignorovali a řekli, že o datu vysílání již bylo rozhodnuto.

11. květen byl 7. den probuzeneckého setkání. Program se

měl vysílat ve 23 hodin v noci ten den. Probuzenecké setkání jako obvykle končilo ve 22:20. Ale stalo se něco nečekaného. Po setkání jsem šel domů a dalšího dne jsem od zaměstnanců církve dostal šokující zprávu.

Ve 22:20 po skončení probuzeneckého setkání šli někteří členové církve do televize protestovat. Věděli, že pořad byl připraven se zkreslenými fakty, a proto šli církev bránit. Do televize dorazili asi ve 23:05.

K televizní stanici přijelo 20 až 30 lidí. U hlavního vchodu nebyla žádná ochranka, a tak vešli dovnitř hlavními dveřmi. Ve 4. patře potkali televizní štáb a zeptali se jich, kde je vysílací místnost. Někteří řekli, že ve 4. patře, ale jiní udávali 7. patro. Členové se rozdělili a šli hledat.

Někteří z nich našli ve 2. patře místnost s pootevřenými dveřmi. Když vešli do místnosti, viděli stěnu z televizních monitorů, na nichž běžel program o naší církvi.

Když viděli neopodstatněná obvinění naší církve, velmi je to rozrušilo. Pohádali se se zaměstnanci televize a požadovali, aby vysílání zastavili. Někdo zmáčknul knoflík a vysílání skončilo. Zpráva o tom se roznesla po celém světě.

Důraz na dodržování zákona

Učil jsem lidi dodržovat nejen Boží zákony, ale také zákony země bez ohledu na to, zda se jedná o důležitou věc či drobnost. Většina členů skutečně zákony dodržuje, slouží společnosti a je světlem světa a solí země.

Někteří z členů naší církve se však nedokázali ovládnout a porušili zákon. Naší církvi hrozilo, že bude velmi poškozena její pověst. Ačkoliv jsme byli v právu, zákony se porušovat nemají.

Ve snaze uklidnit členy, kteří byli v hlavní místnosti televize, vylezl pastor Hyeonkwon Joo na stůl. "Nikomu neubližujte a neničte žádné vybavení. Nedotýkejte se jich. Co nejrychleji prosím odejděte." Ale ve zprávách byl tento incident interpretován tak, že pastor Joo rozlícené členy církve podněcoval.

Televize označila členy církve za vandaly. Nepustila zvuk a sestříhala záběry tak, aby bylo vidět jen gesta. Reportáž tak vyzněla naprosto jinak než realita. V reportáži bylo vidět zamotané televizní vybavení.

Na stole hlavní vysílací místnosti byla velká kamera, jejíž objektiv ležel zvlášť. Pravděpodobně ji někdo opravoval. Ale v televizi ukázali kameru bez objektivu a zamotané kabely a řekli, že členové církve vážně poničili jejich vybavení.

Diváci, kteří netušili, o co skutečně jde, určitě zprávám věřili.

Kvůli tomuto incidentu jsme jako církev získali špatnou pověst – údajně jsme obsadili televizi a zastavili vysílání. Také většina členů církve, kteří předtím žili počestným životem, přišla kvůli tomuto incidentu o svou dobrou pověst.

Samozřejmě to nebylo předem plánováno. Byla to nepředvídaná událost, museli jsme se však veřejně omluvit. Za to, že jsme se prohřešili proti zásadám občanského soužití, jsme se veřejně omluvili v denících *Chosun Ilbo, Dong-A Ilbo, Hankyere Shinmun* a jiných velkých korejských denících.

Přesto si myslím, že zaměstnanci televize mohli počítat s tím, že naši členové přijdou protestovat, poněvadž vysílaný pořad byl neopodstatněným a jednostranným útokem na velkou církev. Kdyby měla televize hlídané vchody, členové církve by se nedostali dovnitř tak snadno.

Tisk tvrdil, že jsme to měli dobře naplánováno. Policie si předvolala mnohé z členů církve, kteří v televizi byli. Po výslechu zjistila, že to byla jen nepředvídaná událost, kterou nikdo neplánoval.

Televize vytvořila vylhaný program založený na informacích od těch, kteří chtěli naší církev zničit. Tento incident nepoškodil jen církev, ale také její členy. Říkalo se o nich, že jsou členy násilnické církve. S mnohými našimi mladými členy zacházeli ve škole jako s vyvrheli. Mnoho z nich nemohlo do církve dál chodit.

Počestný občan přišel o práci

V té době byl diákon Ikseon Yu zkušeným policistou. Sloužil u policie již 20 let. Byl uznáván jako loajální policejní důstojník. Šel příkladem i jako dobrý křesťan a oddaně šířil evangelium. Ale někteří z těch, kteří odešli z církve, se snažili jej dostat do vězení a dávali o něm policii a televizi nepravdivé informace.

Obviňovali jej z toho, že byl hlavním strůjcem incidentu v televizi a vtrhl s ostatními členy církve do televize. Pro tisk to bylo velmi atraktivní téma: policejní důstojník, který údajně stál v čele něčeho takového.

Policie si jej předvolala a celou záležitost prošetřovala. Média tvrdila, že policejní důstojník se zcela záměrně zúčastnil takovéto akce. 17. května v 9 hodin odvysílala stanice MBC následující prohlášení:

"Policie zahájila vyšetřování proti důstojníkovi policejní stanice v Yangcheonu jménem Yu, který je obviněn z toho,

že sehrál vedoucí úlohu v obsazení televizní stanice Munhwa Broadcasting Corporation. Vyšetřování ukázalo, že důstojník Yu šel ten den po skončení pracovní doby do církevní modlitebny. Věděl, že členové církve se chystají do televize, ale neohlásil to policii..."

Ve skutečnosti policejní vyšetřování ukázalo, že Yu byl v církvi, když se ostatní členové církve chystali do televize, a zavolal do televize, aby se na přicházející demonstranty připravila.

Chtěl, aby pravda vyšla najevo, a tak požádal Rozhodčí výbor pro média, aby celou věc prověřil a uvedl na pravou míru. Policie ho nakonec měsíc a půl vyšetřovala, avšak nezjistila, že by se něčím provinil. Ukončila vyšetřování se závěrem, že se důstojník Yu ničím neprovinil.

Poté ještě rok a půl pracoval jako policejní důstojník, ale pořád ho hlídali. Lidé se na něj dívali, jako by ho podezřívali. Nakonec se rozhodl, že odejde. Z čestného a loajálního občana a policejního důstojníka na základě falešných obvinění málem udělali zločince. Musel nakonec odejít z práce, kterou měl rád.

Bůh neustále jedná

3. května 1999 začalo Speciální dvoutýdenní probuzenecké setkání pod názvem "Bůh je láska" (1 Janův 4:16). V průběhu celého setkání Bůh projevoval mnoho znamení a zázraků a mimořádných skutků.

Napshim Park měla 85 let. Chodila do církve do Goesanu v provincii Choongbook. Dotkly se jí záznamy kázání z naší církve, které jí poslal její syn. Od svého narození neviděla na levé oko a její víčko pořád padalo.

Když jí bylo 30 let, strýc jejího manžela ji udeřil, protože věřila v Pána Ježíše Krista. V důsledku toho jí praskl ušní bubínek. Od té doby neslyšela na pravé ucho. Ale 3. května 1999, což byl první den setkání, začala vidět na levé oko a slyšet na pravé ucho.

Poprvé za 85 let svého života mohla zřetelně vidět na levé oko a uzdravilo se i její pravé ucho, na které neslyšela už 55 let.

Setkání se zúčastnila i Heekyeong Song, která byla uzdravena o dva roky dříve. Narodila se předčasně v 7. měsíci těhotenství své matky. Narodila se s dětskou obrnou a od dětství nemohla hýbat levou rukou ani nohou.

Díky neustálé léčbě se její stav částečně zlepšil, ale její levá noha byla o čtyři centimetry kratší než pravá. Její páteř byla ohnutá a měla rovněž vychýlenou pánev. Trpěla velkými bolestmi. Kulhala a ostatní děti si z ní dělaly legraci.

V roce 1997 začala studovat a poprvé se zúčastnila našeho již pátého Speciálního dvoutýdenního probuzeneckého setkání. 6. května 1997 přijala při příležitosti prvního setkání pro nemocné mou modlitbu. Do nohou se jí vrátila síla a začala skákat.

V tom okamžiku se stal zázrak. Její levá noha se mohla dotknout země. Po vyšetření zjistila, že její levá noha, která byla o 4 cm kratší, se prodloužila. Narovnala se jí také páteř a pánev se vrátila tam, kde má být. Poté se vdala a má šťastnou rodinu se dvěma dětmi.

Po onom nešťastném vysílání k nám do církve přijelo mnoho reportérů ze CNN (Cable News Network), ABC (American Broadcasting Company), BBC (British Broadcasting Corporation), NHK (Nippon Hōsō Kyōkai: Japan Broadcasting Corporation) apod. Natáčeli a fotili, zatímco sledovali zázraky, které se při našich setkáních děly.

Někteří z nich poslali do svých redakcí zprávy o slepých, kteří začali vidět, o chromých, kteří odhazovali berle nebo o jiných lidech, kteří vstávali z invalidních vozíků. Psali o tom, co se opravdu stalo.

Po incidentu v televizi jsem několik měsíců nechodil domů, ale zůstával jsem v církevní budově, kde jsem se modlil. Po takovém zármutku a šoku jsem velmi zhubnul a třásly se mi nohy.

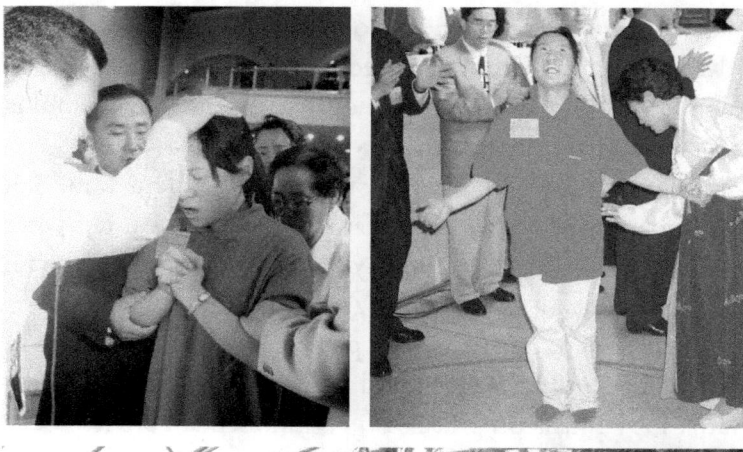

Nahoře: Přijetí modlitby na probuzeneckém setkání v roce 1997.
Dole: Heekyeong Song s rodinou.

Do té doby dělala naše církev dobrou práci. Usilovali jsme o rozvoj křesťanských církví a udělali jsme mnoho práce v sociální sféře. Nikdy jsme společnosti nepůsobili žádné problémy.

Byly zde rodiny, které byly na pokraji rozvodu, ale pak znovu našly svoje štěstí. Uzdravilo se mnoho lidí, kteří jsou dodnes zdraví. Také bylo dost takových, kteří byli chudí, když poprvé přišli do církve, ale poté, co začali žít podle Božího slova, dostalo se jim finančního požehnání.

Žádná televize se nikdy nezajímala o to, co dobrého děláme a ani to nezveřejnila. Mysleli si, že velké církve mají vždy problémy, a tak se na nás rozpoutal něco jako hon na čarodějnice.

Stačilo, aby se doslechli o nějaké nepravdivé informaci a hned napsali scénář a odvysílali to bez ohledu na to, že to bylo vylhané. To, že televize je schopna odvysílat tak jednostranný pořad, je mimo mé chápání. Ale nerozumné jednání některých členů církve mi způsobilo větší potíže.

Jediné, co jsem mohl dělat, bylo přemýšlet o Ježíši, který tiše nesl svůj kříž. Před Bohem, který je vševědoucí, jsem se mohl jen v slzách modlit a postit.

V svých kázáních jsem se o těch, kteří roznášeli pomluvy a vydávali falešná svědectví, nikdy nezmiňoval.

Byl jsem terčem vážných obvinění, ale kdybych vyjevil jejich chyby, bylo by pro ně těžké vrátit se zpět. A tak jsem se rozhodl vzít vinu na sebe. Zaměstnanci církve si však mysleli, že by se nám těžko pokračovalo v misii, kdyby pravda nevyšla najevo. Rozhodli se s televizí soudit.

V květnu 1999 po vysílání tohoto pořadu byl reverend

Jongman Lee, prezident a zástupce Světové misijní asociace za křesťanské probuzení, tak překvapen, že přišel do naší církve. Byl to jeden z nejdůležitějších pastorů v Koreji a velmi se angažoval v křesťanské obnově a probuzení církve, ale s naší církví nebyl nikdy ve spojení.

Přišel po odvysílání výše zmíněného pořadu, protože věděl, že jsem byl falešně obviněn. Vydal prohlášení s názvem "Požadujeme spravedlivé vysílání." Následuje část jeho prohlášení:

"... když zmiňujeme náboženství, musíme si dávat pozor, abychom nenarušili jeho jedinečný charakter a účel. Obzvláště televize se musejí smířit s tím, že o náboženských věcech nemohou rozhodovat, a zejména ne o herezích. Televize může jen představit argumenty obou stran spravedlivým způsobem ..."

Ale nedávné vysílání MBC (Munhwa Broadcasting Corporation) tuto hranici překročilo. Náboženské záležitosti je třeba zpracovávat pomocí vhodných a přijatelných studijních a vědeckých metod.

Program MBC však tento přístup ignoroval. Vybrali si jen názory některých lidí, jako by to byl postoj většiny.

Tím, že posuzuje tisk náboženství nenáboženskými standardy, omezuje tisk náboženství a brání mu v plnění jeho poslání a povinností.

Později reverend Jongman Lee řekl v rozhovoru pro tisk:

"Myslím, že ten incident se odehrál, protože někteří lidé, kteří neznají duchovní svět, špatně pochopili církev Manmin.

V dnešní době zoufale potřebujeme působení Ducha svatého a zázračné zkušenosti. Pokud však o těchto zkušenostech mluvíme, mnoho lidí se tomu diví. Musíme uzdravit tuto nemoc korejských církví, které soudí a odsuzují jiné svou vlastní arogancí a podle svých vlastních standardů.

Miluji církev Manmin, protože se v ní odehrává mnoho skutků Ducha svatého. Myslím, že církev Manmin je vůdčí církví, která je nejlepším příkladem toho, jak lze zakusit působení Ducha svatého."

Nikdy jsem se na ten program nepodíval, takže jeho obsah neznám do všech podrobností. Ale podle toho, co jsem slyšel od našich zaměstnanců, to byly čisté lži a překroucená skutečnost, což mne zarmucuje.

Ani tehdy, ani teď nemám chuť se někomu omlouvat či někoho přesvědčovat o tom, kdo měl pravdu a kdo ne. Ale když mluvím o pravdě, bystří věřící si dají dvě a dvě dohromady.

Lidé zkrátka věří médiím. Televize je velice mocná. Pokud redakce sestříhá materiál tak, aby neměl hlavu ani patu, bude se velmi lišit od pravdy, kterou zachytily původní záběry. Rád bych tedy vysvětlil některé věci, které byly zmíněny v televizním pořadu.

Příběh o Las Vegas

Kdykoliv ukončíme kampaň či probuzenecké setkání v zahraničí, dávám lidem, kteří se na dané akci podíleli, trochu volna. Po skončení probuzeneckého setkání v L.A. jsem se jich zeptal, co by chtěli dělat. Většina z nich se chtěla podívat na Grand Canyon, protože to je velké dílo Boha Stvořitele. Abychom se tam dostali, museli jsme projet přes celé Las Vegas.

V L.A. je spousta hotelů s kasiny. Je vcelku běžné, že se rodiny či starší páry rády baví u výherních automatů na mince.

Vláda hráčství zlegalizovala a Las Vegas se stalo turistickým magnetem. Většina turistů si přirozeně těchto her užívá.

Někteří lidé samozřejmě vloží do hry velké peníze, ale v dnešní době je hraní v kasinu součástí zábavy a kultury.

Když jedu na misijní cestu, nahráváme vše na video, abychom o tom mohli poreferovat celé kongregaci. Je to forma oslavy Boha. Po skončení probuzeneckého setkání v USA jsem členům církve vyprávěl, jak došlo k tomu, že jsme navštívili kasino v Las

Vegas. Všichni v církvi o tom věděli.

Stalo se to, když jsem byl v Las Vegas. Jeden člověk z našeho týmu navrhl, že bychom si mohli zahrát nějaké hry v kasinu. Nic jsem o kasinech nevěděl. Duch svatý mne vedl k tomu, který automat si zvolit a když jsem do něj vložil mince, hodně jich z něj vypadlo. Protože jsem věřil, že automat porazím vírou, vyhrával jsem.

Všichni členové našeho týmu si zkusili zahrát, ale většinou prohrávali. Po několika prohrách je to přestalo bavit, tak se dívali, jak vyhrávám.

Kdykoliv jsem se dostal k nějakému automatu, postupně jsem desetkrát za sebou vyhrál. Členové týmu byli velmi překvapeni. Pochopili, že víra dokáže ovládat i automaty.

Po návratu domů jsem to sdělil členům církve, abych v nich zasel víru. Samozřejmě, že tento druh her může sloužit pouze pro zábavu a člověk musí vědět, kdy je čas skončit. Nikdy bychom neměli hrát, abychom dosáhli nezaslouženého příjmu.

Jeden z lidí, kteří opustili církev a který sehrál vedoucí roli v incidentu s vylhaným televizním pořadem, falešně svědčil o tom, že jsem v kasinu prohrál desítky tisíc dolarů. V pořadu byl ukázán dokument, na němž údajně stálo 'Výdaje za hry'. Působilo to, jako by to byl dokument naší církve. Naše církev s tím však neměla nic společného. Byl to naprostý padělek.

Televize mě chtěla očernit, a tak ukázala tento cár papíru, jako by to byl skutečný doklad. Reportáž vyzněla tak, že jsem prohrál velkou část církevních peněz. Kdyby někdo prohrál peníze v kasinu, proč by si k tomu vyráběl doklad s nadpisem 'Výdaje za hry' a proč by na něj psal pravdu o tom, kde ty peníze skončily?

'Pastýř' je biblický výraz

Bible nám říká, že Ježíš je náš veliký pastýř (Židům 13:20) a nejvyšší pastýř (1 Petrův 5:4). Co tedy potom znamená slovo pastýř? Jeremjáš 3:15 říká: "Dám vám pastýře podle svého srdce a ti vás budou pást obezřetně a prozíravě." Pastýři nakrmí Boží lid obezřetností a prozíravostí.

Zde slovo pastýři znamená ty, kteří dokážou Boží lid dobře vyučovat.

Jeremjáš 23:2-4 říká: "*Proto Hospodin, Bůh Izraele, praví proti těm pastýřům, pastýřům svého lidu, toto: Mé ovce rozptylujete, rozháníte je a nedohlížíte na ně. Hle, já vás za vaše zlé skutky ztrestám, je výrok Hospodinův. Sám shromáždím pozůstatek svých ovcí ze všech zemí, kam jsem je rozehnal, a přivedu je zpět na jejich nivy a budou plodné a rozmnoží se. Ustanovím nad nimi pastýře a ti je budou pást, nebudou se již bát ani děsit a žádná nebude pohřešována, je výrok Hospodinův."*

Říká se zde také, že ti, kteří pečují o Boží lid, jsou pastýři. Pastýři jsou ti, kterým je svěřeno stádo našeho Pána, který je nejvyšším pastýřem, a o ni se o něj starají a vyučují ho. I dnes je podle Bible vhodné a náležité říkat, že pastor je pastýřem.

Mnoho misijních organizací a teologických misijních škol používá výraz 'pastýř' pro osoby, které vyučují studenty, i když tito lidé nebyli vysvěceni. Jen proto, že někteří lidé nazývají pastora svým pastýřem, je nemůžeme obviňovat z toho, že pastora považují za Boha.

Nedorozumění týkající se služby být jedno s Duchem svatým

Ti, kteří opustili církev a zapříčinili zkoušky, vytvořili nesmyslné dokumenty, podle kterých jsem tvrdil, že jsem Bůh a že Bůh je čtyřjediný.

Byl jsem zaskočen, protože vždy učím o Boží trojici a o tom, že všechny věci zaznamenané v Bibli jsou pravdivé.

Jelikož se v naší církvi silně projevovalo působení Ducha svatého, nepřítel ďábel a satan nás nenáviděl a rozhodl se, že nás zničí. Ještě dnes se najdou lidé, kteří šíří pomluvy, podle kterých jsem se prohlašoval za Boha nebo za Ducha svatého.

A přitom já jsem vyučoval jen to, že pokud se horlivými modlitbami zbavíme veškerých forem zla a pokud se naše srdce začne podobat nevinnému a čistému srdci Boha a Pána Ježíše, můžeme obdržet Boží moc; můžeme být s Duchem svatým jedno a projevovat mocné skutky Ducha svatého.

Ježíš rovněž mluvil o tom, že je s Bohem jedno.

V Janovi 17:21-22 Ježíš řekl: *"Aby všichni byli jedno jako ty, Otče, ve mně a já v tobě, aby i oni byli v nás, aby tak svět uvěřil, že jsi mě poslal. Slávu, kterou jsi mi dal, dal jsem jim, aby byli jedno, jako my jsme jedno."*

Představte si, že ředitel společnosti řekne zaměstnancům, aby s ním byli jedno. Znamená to, že by měli společně sdílet jednu vůli a jednu mysl. Neznamená to, že ze zaměstnanců se stanou ředitelé.

Jak bych jen mohl říci, že jsem Bůh či Duch svatý? Můj názor je patrný i z mých předchozích kázání.

> "Slyším tolik věcí. Děje se kolem mne tolik znamení a zázraků a mimořádných skutků, že se někteří lidé bojí, že se prohlásím za Boha. Bratři a sestry, vy si to taky myslíte?
>
> Když jsem byl 7 let nemocný, opustila mne rodina i vlastní rodiče. A pak mne náhle uzdravil Bůh. Modlil jsem se a věrně jsem pro něj pracoval. Má rodina rovněž žije oddaný život pro Boží království a spravedlnost.
>
> Velmi dobře víte, že mne doprovází všemohoucí Bůh a koná nesčetné zázraky a znamení a mnoho mimořádných skutků. Kolik z vás ještě skrze mne nezakusilo všemohoucí Boží ruce?
>
> Některým z vás vystavily nemocnice rozsudek smrti. Někteří z vás byli chromí, měli jste obrnu mozku a mnoho jiných nemocí, ale síla modlitby vás uzdravila. Vaše rodiny se obrátily k víře.
>
> Zavrhli jste světský život. Setřásli jste hříchy a

temnotu; postíte se a celou noc se modlíte, abyste žili podle Božího slova. Běžíte závod víry s nadějí na nebeské království.

Proč bych se tedy měl prohlašovat za Boha? Nepředstavitelné. Měl jsem tolik kázání jako třeba 'Poselství kříže', ve kterých jsem vyjevil, že žiji jen pro Boží slávu.

Vzdávám veškerou slávu Bohu. Copak bych se mohl znenadání změnit a stát se Bohem, podobně jako náš Pán? Mohl bych popřít Bibli?

Najdou se lidé, kteří to o mě říkají. Pokud se o mne tak zajímají, uvědomují si, jak moc mne urážejí? Jak se něco takového vůbec může stát? Drazí bratři a sestry v Kristu, v žádném případě byste si neměli nic takového myslet ani říkat.

Takové věci si nesmíte ani představovat. Pokud o sobě řeknu, že jsem Bůh, všichni mě prosím zavrhněte a odejděte z této církve. Bůh je jen jeden.

Pouze Ježíš Kristus je náš Spasitel. Bůh je Otec, Syn a Duch svatý, trojjediný Bůh. Věříme v 66 knih Bible. Samozřejmě to nejste vy, kdo tyto věcí šíří. Mluvím o tom, protože se to doneslo také ke mně."

(Úryvek z kázání 31. července 1998, kdy jsem mluvil o knize Přísloví.)

Jak jsem se doslechl, v televizním pořadu prohlásili, že jsem o sobě tvrdil, že jsem Bůh. Jako důkaz předložili záběr, na kterém si přede mě několik členů církve kleklo. Mělo to svůj důvod.

V roce 1998 Bůh otevřel mnohým členům církve duchovní

zrak a dopřál jim četné duchovní zážitky. V pátek 15. května jsem měl narozeniny. V ten den pořádala Ženská misie, která je součástí naší církve, děkovnou bohoslužbu.

Bohoslužba byla ráno. Doslechl jsem se, že na obloze je velmi jasná dvojitá duha ve tvaru kruhu. Po bohoslužbě jsem vyšel ven a spatřil jsem ji.

Počínaje tímto dnem nám Bůh často ukazuje duhu ve tvaru kruhu, když pořádáme církevní akce. Je to znamení jeho lásky a říká nám tím, že je s námi.

A duha nebyla jedinou věcí, která se objevila. Mnoho členů vidělo světla duchovního světa a zlaté a stříbrné mrholení ve vzduchu, které způsobovali andělé. Někteří z nich zahlédli i anděly. Členové stáli na dvoře modlitebny a vzhlíželi k nebi.

Mezi tím, když vidíte duchovní svět a když ho nevidíte, existuje velký rozdíl. Členové si navzájem sdíleli své dojmy. Byl pátek. Ve 23 hodin v noci začala páteční celonoční bohoslužba. Během první části jsme uctívali Boha a ve druhé jsme ho chválili a modlili se.

Žena, která vedla chvály ve druhé části, přede mnou najednou poklekla. Kdo nezná korejské zvyklosti, by si měl uvědomit, že v Koreji je běžné vyjádřit dík či úctu tím, že se hluboko pokloníte. Lidé se běžně klaní obzvláště rodičům a dříve se klaněli učitelům. Odehrálo se to velice rychle.

Ta žena téhož dne řekla, že se mi poklonila v den mých narozenin, aby mi poděkovala za svůj duchovní růst, ke kterému dospěla díky mému slovu života. Poté, co se poklonila tato žena, která vedla chvály, začali se klanět i ostatní starší naší církve. Samozřejmě jsem rozuměl projevu jejich srdce; chtěli tím poděkovat a vyjádřit úctu svému pastýři, který je vyučoval Boží milosti.

Přesto jsem se snažil je zastavit, protože jsem se styděl. Něco takového se v historii církve stalo poprvé. Žena, která to vše vyvolala, později z církve odešla. Právě ona způsobila všechny zkoušky.

Klaněli se mi nikoli proto, že by mi chtěli sloužit jako Bohu, ale jako výraz díků za to, že jsem je jakožto pastýř vychovával v Božím slově.

Televize však nevysvětlila, že to bylo upřímně míněné gesto. To, co odvysílali, vypadalo, jako bych si liboval v uctívání vlastní osoby a ve svém kultu.

Bible je plná úžasně mystických věcí

Producenti televizního pořadu spolupracovali s Křesťanskou radou Koreje (CCK) a odvysílali, že naše církev je heretická sekta, která upadla do mysticismu. Výbor pro herezi a potírání kultů CCK nás okamžitě zavrhl jako heretiky, a to na základě materiálů těch, kteří církev opustili.

Výbor zmínil incident se Svazem korejských svatých církví, který se odehrál v roce 1990. Přesně jsem vysvětlil, co se stalo, v první části své knihy *'Můj Život, Má Víra'*. Svaz korejských svatých církví v té době zkrátka a stručně zneužil své autority k tomu, aby mne odsoudil a exkomunikoval.

Nechci zde ztrácet čas objasňováním lží, které se objevily v rozhovorech a tím, kdo měl pravdu a kdo ne. Ale rád bych objasnil, co se myslí mysticismem.

Počínaje knihou Genesis až po knihu Zjevení je Bible plná mystického obsahu. Bůh je duch a existuje ve čtvrté dimenzi, což je duchovní svět. To on napsal Bibli prostřednictvím těch, které si vyvolil – proroků a apoštolů, kteří byli v jeho očích ti praví.

Proroci a apoštolové obdrželi Boží srdce díky inspiraci Duchem svatým a napsali Bibli. Byli jako lidé, jejichž díla pod svým jménem publikuje někdo jiný. Nebyli však autory Bible.

Představte si, že matka žijící na vesnici je negramotná, a tak požádá jednoho ze svých sousedů, aby zachytil na list papíru to, co si přeje napsat svému synovi. Soused dopis jen napíše, avšak jeho oficiální autorkou zůstává matka.

Bible nás vyučuje o Bohu, který je duchem. Učí nás o duchovním světě a o stvoření světa, který Bůh stvořil z ničeho. Bible je plná věcí, které lidská logika nedokáže uchopit.

Bůh sestoupil na horu Sínaj a hovořil s Mojžíšem. Vrány přinesly chléb a maso Elijášovi. Petra vyvedl z vězení anděl a Ježíš přijde znovu za zvuku polnic. Můžeme snad tyto věci pochopit lidským rozumem a logikou?

Exodus 19:18-19 říká: *"Celá hora Sínaj byla zahalena kouřem, protože Hospodin na ni sestoupil v ohni. Kouř z ní stoupal jako z hutě a celá hora se silně chvěla. Zvuk polnice víc a více sílil. Mojžíš mluvil a Bůh mu hlasitě odpovídal."*

"Pak pod tím keřem ulehl [Elijáš] a usnul. Tu se ho dotkl anděl a řekl mu: 'Vstaň a jez!' Vzhlédl, a hle, v hlavách podpopelný chléb, pečený na žhavých kamenech, a láhev vody. Pojedl, napil se a opět ulehl. Hospodinův anděl se ho však dotkl podruhé a řekl: 'Vstaň a jez, máš před sebou dlouhou cestu!' Vstal, pojedl, napil se a šel v síle onoho pokrmu čtyřicet dní a čtyřicet nocí až k Boží hoře Chorébu" (1 Královská 19:5-8).

"Najednou u něho stál anděl Páně a v žaláři zazářilo
světlo. Anděl udeřil Petra do boku, vzbudil ho a řekl:
'Rychle! Vstaň!' A s Petrových rukou spadly řetězy.
Anděl mu řekl: 'Opásej se a obuj se!' Petr to udělal
a anděl ho vyzval: 'Vezmi si plášť a pojď za mnou'"
(Skutky 12:7-8).

"Zazní povel, hlas archanděla a zvuk Boží polnice,
sám Pán sestoupí z nebe, a ti, kdo zemřeli v Kristu,
vstanou nejdříve" (1 Tesalonickým 4:16).

Když dnes mluvíme o tomto duchovním světě, mnoho
lidí nás obviňuje z mysticismu. Jen málo učitelů vyučuje o
duchovním světě správně, a proto mnoho lidí nemá opravdovou
víru.

I když lidé chodí do církve, mnozí z nich nezažili žádné
skutky Ducha svatého. Proto nemají jistotu spásy. Mnoho z nich
nevěří v nebe a peklo a páchají proto hříchy stejně jako nevěřící.

Rozhovor o vynucených desátcích

Novináři udělali rozhovor s jednou ženou, která naši církev
opustila. Říkala, že nám dávala příliš mnoho peněz na desátcích.
Prý kvůli tomu zkrachovalo její podnikání a rozpadla se jí rodina.

Uvedla, že když se jí dařilo, vydělala až 6 milionů wonů (asi
6 000 US dolarů), a že většinu z těchto peněz věnovala církvi.
Když jsme se však podívali do evidence dárců, zjistili jsme, že je
to naprostá lež.

Podle svých vlastních dětí a zaměstnanců byla velice
zadlužená. Příčinou nebyly desátky církvi, nýbrž její osobní

záležitosti. Více než polovina jejího příjmu šla na úroky. Jelikož se její dluh hromadil dlouhou dobu, časem nevyhnutelně zbankrotovala.

Její syn věděl, že matka naši církev v rozhovoru falešně obvinila. Bylo to součástí plánu na zničení naší církve. On však nemohl jednat jako jeho matka.

Než se to přihodilo, jednou jsem zaslechl, že jejich rodina má finanční potíže, a tak jsem jim vypomohl nezanedbatelnou částkou. Ona však přesto odešla s těmi, kteří na nás seslali zkoušky a falešně svědčili. Bylo mi to líto, ale více jsem dělat nemohl.

Pomohl jsem těm, kteří byli ve svízelné finanční situaci tím, že jsem se sám uskrovnil. Když mne tito lidé zradili a oplatili milost zlem, mé srdce přetékalo bolestí.

Ilegální video se skrytými kamerami

Když se diákonka Hyeonju Kim, která je členkou naší církve, uviděla v květnu 1999 na televizní obrazovce v onom prolhaném pořadu, jak poskytuje rozhovor, byla v šoku. Byla v pátém měsíci těhotenství a to, co viděla, ji úplně vyvedlo z míry.

Koncem dubna 1999 jí zavolala žena, kterou předtím neznala. Řekla jí, že potřebuje její pomoc. Diákonka Kim si s ní s pochopením sjednala schůzku, aby jí pomohla. Neměla ani tušení, že ji ta žena natáčí skrytou kamerou.

Neuvedla svou totožnost, na něco se jí zeptala a potom to sestříhali tak, že z toho vyšla naprostá lež.

Diákonka Hyeonju Kim přijela do naší církve v dubnu 1998 až z Francie. Chtěla, aby víra uzdravila jejího syna Joonsu. Její syn neustále plakal, protože se mu nevyvíjel mozek. Přišla tedy na probuzenecké setkání a přijala mou modlitbu. Od té doby přestal Joonsu plakat a jeho zdravotní stav se zlepšil.

Diákonka Hyeonju Kim zažila zázračné uzdravení a vrátila se

do Francie, kde studoval její manžel. Když dostudoval, vrátili se do Koreje a začali docházet do naší církve.

Diákonka Kim v roce 1999 znovu otěhotněla a jejího prvního syna Joonsu, který se narodil nemocný, si Bůh vzal k sobě. Z duchovního hlediska to pro Joonsu bylo spíše požehnání být spasen a jít do nebe za Pánem než trpět na této zemi.

Manželský pár si uvědomil, že Bůh si z lásky k nim jejich syna vzal a chtěl jim dát jiné dítě. Nebyli tedy smutní, ale s vděčností pokračovali v křesťanském životě.

Diákonka Kim vydala svědectví o svém šťastném životě a vyzvala tu ženu, aby rovněž přijala Pána. Nic z toho se však ve vysílání neobjevilo. Z odpovědí na sugestivní otázky vytvořili redaktoři šikovným stříháním dojem, že manželé žijí nešťastně a ve velikém zoufalství.

Uvedl jsem jen několik věcí z toho pořadu o naší církvi. Vlastně se mi o tom ani nechce mluvit. Abychom objasnili vše, co se v tom programu objevilo, museli bychom napsat mnoho knih.

Stačí se však jen podívat na několik případů a hned vidíme, jak snadno se z pravdy stane lež. Média se dopustila zlovolného jednání, protože ty nesmysly záměrně nabídla divákům jako pravdu. Ve skutečnosti se jednalo o pronásledování náboženství.

Některé části jsem osvětlil a doufám, že nikdo nikdy nebude muset projít ničím podobným. Pokud se něco podobného stane, jedná se rovněž o závažné nactiutrhání.

Žádost o reportáž s naším stanoviskem

Naši církev lživý pořad nepředstavitelně poškodil, a tak jsme se obrátili na Rozhodčí výbor pro média se žádostí o arbitráž. Televize se však nehodlala arbitráže zúčastnit. Proto jsme se obrátili na soud, aby nařídil novou objektivní reportáž.

V té bychom dostali možnost vyjádřit se k předchozí reportáži a celou situaci vysvětlit. Takové právo udílí soud straně, která byla poškozena kvůli médiím, která něco zveřejnila, aniž si ověřila skutečnosti.

Ti, kterým se stane újma na základě jednostranných reportáží, se tak mohou domoci spravedlnosti.

14. října 1999 rozhodl Okrskový soud pro jižní Soul takto:

"MBC je povinna odvysílat reportáž se stanoviskem církve Manmin Joong-ang (Central) Church a dodržet přitom stanovený čas, program, postup a metody uvedené v dodatku, a

교회연합신문

"MBC는 만민중앙교회 반론을 보도하라"

서울지법남부지원 판결 MBC 보도내용 대부분 사실 아닌 것으로 해석

(본문 기사 — 판독 곤란)

기독교연합신문 1999년 11월 7일(일)

"MBC, 만민교회 반론 보도" 판결

남부지원, 총 14회 걸쳐

서울지법남부지원(지원장)은
종교부장판사는 최근 MBC에 대한
만민중앙교회의 반론보도문 소송
선고공판에서 "MBC는 방송프로, 방
송순서 및 시간에 게재 만민교회의
반론을 보도하라"는 판결을 내렸다.

'9시 뉴스데스크' 2회 등 5번부터

99년 11월 7일

기독교신문

종교관련 한건주의식 선정

만민중앙교회 관련 반론보도

조 선 일 보

"MBC PD수첩 만민중앙교회
방영금지 가처분조치 정당"

헌법재판소 결정

99년 MBC 'PD수첩'이 방영하려
던 만민중앙교회와 관련한 프로그램
에 대해, 교회측의 방영금지 가처분
신청을 법원이 받아들인 것은 합법이
라고 헌법재판소가 30일 결정했다.

제보에만 근거, 적절한 확인절차 없이 방송
남아있는 명예훼손등 소송에 영향 미칠 듯

國民日報
1999년 10월 28일 목요일

MBC 만민중앙교회 관련
반론보도 14건 대거 방송

MBC가 만민중앙교회 이재록 목사
에 대한 비리의혹 보도와 관련, 30일
까지 방송사상 가장 많은 14건의 반론
보도문을 내보낸다. 26일 'PD수첩',
27일 '화제집중, 생방송6시' 첫머리에
반론보도문을 내보낸데 이어, 28일부
터 '뉴스데스크' 등 5개 TV 뉴스 프
로그램, '아침 종합뉴스' 등 6건의 라
디오 프로그램에 이를 방송한다.

to celkem 14krát ve 13 programech, z nichž 7 bude televizních a 6 rozhlasových."

Dále soud rozhodl:

"Pokud MBC tuto povinnost nesplní, bude muset od konce lhůty pro její splnění až do dne, kdy ji splní, zaplatit 5 milionů wonů za den za každou reportáž, kterou je povinna odvysílat."

Na základě soudního rozhodnutí tedy MBC tuto 'objektivní reportáž' odvysílala ve svých hlavních zpravodajských relacích, v poledních zprávách, zprávách o šesté hodině večerní, půlnočních zprávách a jiných programech celkem čtrnáctkrát. To však nemohlo odčinit ani zlomek újmy, kterou jsme utrpěli.

Kvůli závisti zradili Ježíše duchovní vůdci národa

Ježíš kázal evangelium o království nebeském, uzdravoval zástupy lidí a mnohým dal i život. Jelikož ale projevoval Boží moc, jako například uzdravování slepých, což běžný člověk nedokázal, farizejové, zákoníci a duchovní vůdci na něj žárlili a pomlouvali ho.

Jan 10:20 říká: *"Mnozí z nich říkali: 'Je posedlý zlým duchem a blázní. Proč ho posloucháte?'"* Ježíš konal pouze dobro, ale jelikož konal prostřednictvím Boží moci, odsuzovali ho a říkali, že je blázen.

Když Ježíš uzdravil slepého a němého muže, kterého posedli démoni, farizejové řekli: *"On nevyhání démony jinak, než ve jménu Belzebula, knížete démonů"* (Matouš 12:24).

Vyháněl Ježíš démony ve jménu Belzebuba? Takové nepravdy o něm říkali, aby jej mohli zabít. Mnoho lidí jej uráželo a snažilo se zneuctít jeho jméno.

Apoštol Pavel rovněž projevoval Boží moc mimořádnými skutky a podle Skutků 24:5 byl odsouzen jako hlava nazorejské sekty. Ve Skutcích 26:24 je označen za blázna.

Jelikož se skutky a moc Ducha svatého projevují také skrze mne, nepřítel ďábel se neustále snaží o mé zničení.

Ti, kteří žárlili na Boží skutky, které se projevovaly a na růst církve, o mě šířili falešné pomluvy ve snaze mne odsoudit jako heretika.

Církev vystavěná na skále nemůže padnout

Po televizním pořadu o naší církvi si kdekdo myslel, že naše církev ukončí svou činnost.

V jistém smyslu je to docela přirozené. Od 11. do 22. května 1999 se naše církev objevila v médiích 67krát, z toho 33krát v televizi a 34krát v rádiu. Vysílání odsoudilo naši církev za použití nepravdivých informací k záhubě, takže se těžko můžeme divit, že to lidé očekávali.

Ale církev vystavěná na skále nemůže padnout bez ohledu na to, jak silně s ní síly temnoty otřásají. Církev založená Bohem spočívá v jeho pevné pravé ruce.

Když Ježíš vstoupil do Jeruzaléma, Izraelité jej vítali radostnými výkřiky hosanna, ale brzy na to se změnili v dav, který jej chtěl ukřižovat.

Ježíš musel být zrazen jedním ze svých učedníků, kterého miloval a vyučoval. Když byl zatčen, všichni jeho učedníci utekli. Jak se asi Ježíš cítil, když viděl své učedníky, jak prchají, aby se jim nic nestalo? Možná mu jich bylo líto, ale určitě nebyl zklamán a nezatrpkl vůči nim. Ani já jsem nezatrpkl vůči těm, kdo mne zradili a napadali a ani k nim necítím žádnou nenávist.

Jednali nespravedlivě a dopustili se skutků těla, které je velmi těžké odpustit, ale já jsem jim pořád odpouštěl a neříkal jsem nikomu o jejich chybách.

Předstírali, že jsou poslušné ovečky, ale tajně proti mně kuli pikle. Snažili se zničit mě i církev. Ačkoliv jsem cítil velkou averzi vůči jejich hříchu, necítil jsem nenávist vůči nim samotným. Jen jsem se se smutkem a slzami v očích modlil, aby se nedali na cestu zkázy, nýbrž aby se káli a vrátili zpět, protože jen tak dojdou spásy.

Díky takovýmto událostem jsem si uvědomil, jak se cítil Bůh, když se jeho milovaný archanděl Lucifer stal arogantní bytostí a zradil ho. Chápal jsem, jak bylo Ježíšovi, když ho zradil Jidáš Iškariotský. Když člověka zradí a opustí jeho drahý přítel či drahá přítelkyně, utrpí velikou bolest a ztrátu.

Ježíš řekl: *"Co se narodilo z těla, je tělo, co se narodilo z Ducha, je duch"* (Jan 3:6) a tělu nemůžeme věřit, protože tělo se mění. Když ze svého srdce odhodíme tělesnost, což je nepravda a oddáme se celým srdcem duchu a pravdě, získáme opravdové srdce a dokonalou víru bez jakéhokoliv zla.

Během zkoušek, které mne potkaly v letech 1998 až 1999, jsem měl více času přemýšlet o Ježíši, který šel tiše na Golgotu a nesl si svůj kříž.

Nikdy se neodvolával na to, že je nevinen a že jej nepravdivě nařkli. Snášel tolik bolesti a utrpení jen proto, aby naplnil Boží prozíravost. Mohl jsem alespoň trochu pocítit, jak hluboká byla poslušnost a láska našeho Pána.

Kapitola 4

Kéž bych jen mohl naplnit Boží vůli

Dostalo se mi Boží milosti

Než jsem poznal Boha, byl jsem po 7 let upoután na lůžku. Na naléhání své sestry jsem navštívil Shinae Hyun Altar. Tato událost změnila můj život. Jako bych se ze země dostal do nebe.

Protože lidé zde volali v modlitbách k Bohu, cítil jsem se docela trapně tam stát sám. Nevěděl jsem, jak se mám modlit, ale poklekl jsem. Oheň Ducha svatého mne okamžitě uzdravil. Kdysi mi říkali 'skladiště nemocí', ale jako mávnutím kouzelného proutku jsem byl zcela uzdraven. Nemoci byly definitivně pryč. Byl jsem naprosto zdravý muž.

Ačkoliv mne neuzdravila svou modlitbou přímo diákonka Shinae Hyun, byl jsem uzdraven v její církvi a byl jsem neskonale vděčný! Kdykoliv jsem mluvil na probuzeneckých setkáních, nikdy jsem se nezapomněl zmínit o této události, při které jsem se setkal s Bohem, který se mne dotkl a uzdravil mne.

Shinae Hyun již nežije, ale než zemřela několikrát navštívila naši církev na invalidním vozíku. Občas mne požádala o pomoc a já jsem ji nikdy neodmítl. Někdy jsem kvůli tomu měl potíže, avšak vždy jsem se jí snažil co nejvíce pomoci.

Od toho okamžiku jsem byl novým věřícím. Než jsem založil svou církev, sloužil jsem různým pastorům a stále jim za to při různých příležitostech děkuji. Jsem také neskonale vděčný pastoru Taekgu Sonovi, který byl mým profesorem na semináři a v té době byl prezidentem Svazu korejských svatých církví. Kvůli své zaneprázdněnosti ho nemůžu navštěvovat, ale každoročně k němu posílám svou ženu nebo pracovníky církve s pozdravem.

Je důležité oplatit milost, kterou nám poskytují jiní lidé. A hlavně musíme děkovat za milost Bohu. Jak a čím můžeme Bohu oplatit jeho lásku a milost?

Bůh říká, že bude milovat ty, kteří milují jeho, a že ti, kteří jej hledají, jej naleznou (Přísloví 8:17). Držel jsem se toho a miloval jsem na prvním místě Boha. Snažil jsem se jít tam, kde jsem ho mohl nalézt.

Protože Bůh je světlo, musíme vejít do světla, abychom se s ním setkali. Protože on je dobro, musíme činit dobré skutky. Protože Bůh je láska, můžeme se s ním setkat, máme-li duchovní lásku.

Milovat Boha znamená dodržovat jeho přikázání. Bude nás milovat do té míry, do jaké praktikujeme jeho Slovo.

Jako žíznivý jelen dychtí po vodě, tak jsem já dychtil v hloubi svého srdce po pochopení Božího slova, které jsem chtěl dodržovat. Byl jsem zcela naplněn smyslem pro povinnost a odpovědnost, abych dosáhl Božího království a spravedlnosti.

Moc nad moc

Poté, co jsem díky své víře, poslušnosti a lásce překonal tři zkoušky, zpřístupnil mi Bůh hlubší úrovně své moci. Pro mě by bylo snazší zemřít, než procházet těmito třemi zkouškami.

Abraham se stal otcem víry, protože uspěl ve zkoušce poslušnosti učinit ze svého jediného syna Izáka zápalnou oběť. Podobně byl Bůh spokojen se mnou, že jsem v těchto třech zkouškách uspěl a požehnal mi větší mocí než kdykoliv předtím.

V Janovi 14:12 Ježíš říká: *"Amen, amen, pravím vám: Kdo věří ve mne, i on bude činit skutky, které já činím, a ještě větší, neboť já jdu k Otci."* To znamená, že pokud žijeme bezvýhradně podle Božího slova, budeme s Bohem Otcem v duchu jedno a budeme moci projevovat skutky moci stejně, jako je projevoval Ježíš.

"Bůh promluvil jednou, dvojí věc jsem slyšel: Bohu patří moc" (Žalm 62:12). Jak již bylo řečeno, nepřítel ďábel nemůže projevovat moc, která patří Bohu. Protože je duchovní bytost,

podněcuje lidi proti Bohu. Ale nemůže Boží moc ani napodobit. Moc řídit život, smrt, štěstí a neštěstí člověka, moc řídit lidské dějiny a tvořit věci z ničeho - to jsou výlučně Boží privilegia. Boží moc se však může projevovat prostřednictvím těch, kteří patří Bohu, který je sám světlem, kteří žijí ve světle, kteří jsou posvěcení a dosáhli míry víry Ježíše Krista.

Rozdíl mezi autoritou, mocí a autoritativní mocí

Když obecně mluvíme o Boží moci, obvykle zaměňujeme pojmy autorita, moc a autoritativní moc. Tyto pojmy však nejsou totožné. Moc znamená dělat věci, které jsou nemožné pro člověka, ale možné pro Boha.

Autorita je úctyhodná a úžasná síla, kterou stanovuje Bůh. V duchovním světě je projevem síly nemít žádný hřích. Proto můžeme říci, že autorita je svatost sama. Boží děti, které odhodí ze svých srdcí zlo a nepravdu a stanou se posvěcenými, obdrží duchovní autoritu.

A co je to autoritativní moc? Je to Boží moc doprovázená autoritou, kterou dává Bůh těm, kteří odhodili veškeré formy zla a stali se posvěcenými. Je to moc a autorita zároveň. Když však mluvíme o autoritativní moci, obvykle jí říkáme jen 'moc'. Tato autoritativní moc má schopnost vyhnat nečisté démony a uzdravit všechny nemoci a neduhy.

Neduhy nejsou jen banální nemoci. Je to i obrna či degenerace různých částí těla, takže člověk je vyřazen z normálního života. Neduhy jsou věci, které člověk nedokáže vyléčit. Zahrnují i slepotu, hluchotu, němotu a jiné problémy.

Rozdíl mezi mocí a darem uzdravování

Lidé si obvykle myslí, že dar uzdravovat a Boží moc jsou totéž. Tyto dvě věci se však od sebe velice liší. Dar uzdravování zmíněný v 1 Korintským 12:9 je o spálení bakterií a nemocí.

S tímto darem uzdravování nelze uzdravit zdegenerovanou část těla, vrátit hluchým sluch a přimět němé, aby zase promluvili kvůli mrtvým nervům. Ale tyto problémy může uzdravit člověk, který dostal od Boha moc modlit se s vírou.

Jakmile jednou dostaneme Boží moc, bude fungovat pořád. Ale s darem uzdravování to tak není. Dar uzdravování lze udělit bez ohledu na to, zda člověk, který uzdravuje, došel posvěcení či nikoliv. Bůh jej dává těm, kteří se s velkou láskou mnoho modlili za duše ostatních a těm, kteří jsou stateční a které si Bůh může použít.

Ale moc Boha, který je světlem, lze dát pouze člověku, který je posvěcený. Tato moc nikdy nezeslábne ani nezmizí. Čím více se naše srdce podobá Božímu srdci, tím více moci nám Bůh dá a tím úžasnější skutky můžeme konat.

Máme-li jen dar uzdravování, není snadné uzdravovat velmi vážné či vzácné nemoci. Je to ještě daleko těžší, pokud má nemocný jen malou víru. S Boží mocí však stačí, pokud nemocný projeví jen trošku víry – a hned se uzdraví. Víra zde neznamená intelektuální víru, nýbrž víru duchovní.

Čtyři úrovně moci Boha, který je světlem

Bůh mi vysvětlil, že jeho moc má různé úrovně. Do vyšších úrovní moci můžeme vstoupit nebo je obdržet v závislosti na množství pravdy, kterou jsme si vypěstovali v našich srdcích.

"Ale vám, kdo se bojíte mého jména, vzejde slunce spravedlnosti se zdravím na paprscích. Rozběhnete se a budete poskakovat jako vykrmení býčci" (Malachiáš 4:2).

Ti, kteří chodí s otevřeným duchovním zrakem, vidí světlo, které je podobné laserovým paprskům, jež pronikají tělem a uzdravují nemoci.

První úroveň Boží moci je moc spojená s červeným světlem. Je to světlo ohně Ducha svatého, který nemoci sežehne. Tato úroveň moci spaluje ohněm Ducha svatého choroby způsobené bakteriemi a viry. S touto mocí lze uzdravit i rakovinu, tuberkulózu, cukrovku, leukémii, srdeční choroby, artritidu, AIDS a jiné nevyléčitelné nemoci.

Ale první úroveň moci nedokáže uzdravit veškeré nemoci. Pokud v případě poslední fáze rakoviny či tuberkulózy překročí pacient čáru života, kterou stanovil Bůh, je obtížné jej s první úrovní moci uzdravit. Když jsou poškozeny orgány a tkáně a ztratí svou funkčnost, nejde již jen o bakterie. Tělo musí regenerovat nové tkáně a orgány. Za tímto účelem potřebujeme více moci.

Ale i v tomto případě může Bůh zasáhnout, pokud nemocný člověk a jeho rodina žijí v lásce a projevují svou víru v Boha. V naší církvi se v počátečním období dělo mnoho skutků, které spadají do této první úrovně moci.

Druhá úroveň moci je moc odhánět síly temnoty. Spojuje se s modrým světlem. Na této úrovni moci můžeme obvykle vyhánět temnotu z lidí, které posedl démon a kteří jsou v moci satana.

Tato druhá úroveň moci uzdravuje také mentální nemoci či problémy nervového systému včetně autismu, neurózy, schizofrenie, nervového kolapsu a chronické mentální a fyzické únavy či deprese. Tento druh nemocí obecně napadá většinou ty, kteří trpí prudkou nenávistí vůči jiným lidem, kteří v sobě potlačují zlé city, nízké sebevědomí a výbušnost.

S mocí druhé úrovně lze uzdravovat různé druhy nemocí, které působí síly temnoty. Síly temnoty opustí i celou rodinu, podnik a pracoviště dotyčného člověka. Lze s ní i oživit mrtvé nebo odebrat něčího ducha.

Apoštol Pavel oživil Eutycha (Skutky 20:9-12). Za to, že Ananiáš a Safíra podvedli Ducha svatého, je Petr proklel a oni padli a zemřeli (Skutky 5:1-11). Když Elíša proklel několik mladíků, kteří se mu vysmívali, objevily se dvě medvědice

a mnoho z nich zabily (2 Královská 2:23-24). Tyto činy se odehrály na druhé úrovni Boží moci.

Třetí úroveň moci pracuje pomocí bílého či průsvitného světla. Projevuje se znameními a skutky stvoření. Znamení je něco, co můžeme jasně vidět očima, například když se slepému vrátí zrak, němý promluví a hluchý začne slyšet.

Také chromý začne chodit a zmizí i obrna. Deformace, invalidita i kompletně degenerované části těla a orgány se obnoví. Zlomeniny se napraví a chybějící kosti se obnoví.

Čtvrtá úroveň moci se projevuje zlatým světlem a je to úroveň dokonalosti. Tuto úroveň moci projevoval Ježíš. Na této úrovni je možné měnit povětrnostní podmínky. Projevuje se zázraky. Lze kupříkladu spustit či zastavit déšť. Na této úrovni lze hýbat mraky. Čtvrtá úroveň Boží moci umožňuje ovládat a řídit všechny věci.

Příkazy čtvrté úrovně moci poslouchají dokonce i neživé věci. Z těch, kteří byli otráveni oxidem uhelnatým, vyjde jedovatý plyn. Z popálených vyjde horkost. Když Ježíš proklel fíkovník, který nerodil ovoce, strom okamžitě uschnul (Matouš 21:19). Když pohrozil větru a moři, utišily se (Matouš 8:26).

Stromy, vítr, moře a všechno v přírodě poslouchá slova, která přikáže Ježíš. Bůh stvořil nebe a zemi svým slovem a stejně tak poslouchaly věci Ježíše.

Když máme dokonalou víru jako v Židům 11:1, podstata věcí, ve které doufáme, se uskuteční a věci, které nelze vidět, se stanou viditelnými. Projeví se skutky stvoření věcí z ničeho.

Na čtvrté úrovni moci překračuje moc hranice času a prostoru pouhým vyslovením slova. Bůh chce dát svou moc všem svým drahým dětem, ale zřídka se najde člověk, který dosáhne této úrovně.

V Markovi 7:24-30 přišla k Ježíšovi žena, jejíž dcera byla posedlá démonem a požádala jej, aby démona z těla její dcery vyhnal. Ježíš viděl její pokoru a víru a řekl: "Žes to řekla, jdi, zlý duch vyšel z tvé dcery." Dcera byla okamžitě v pořádku. Když se žena vrátila domů, démon již byl dávno pryč.

Ježíš nešel na místo, kde se nemocná osoba nacházela. Na jeho příkaz se projevila Boží moc, která přesahuje čas a prostor.

Neobvyklé mocné činy

Ve Skutcích 19:11-12 stojí: *"Bůh konal skrze Pavla neobvyklé mocné činy. Lidé dokonce odnášeli k nemocným šátky a zástěry, kterých se dotkl, a zlí duchové je opouštěli."* Bůh činil neobvyklé mocné zázraky skrze apoštola Pavla a stejným způsobem je činil skrze mne. Stejně jako v Pavlově případě je moc světla obsažena v šátcích, na nichž se modlím, a když se s nimi lidé modlí za jiné a mají víru, dojde k uzdravení.

V naší církvi uzdravuje mnoho pracovníků církve a pastorů pomocí těchto šátků s modlitbami a rovněž pořádají probuzenecká setkání v jiných zemích.

Na čtvrté úrovni moci se nemoci uzdravují a síly temnoty mizí pomocí Boží moci, která překračuje hranice času a prostoru. Na čtvrté úrovni moci se dějí znamení a veškeré věci ve vesmíru poslouchají. Ve zlatém světle čtvrté úrovně Boží moci se konají veškeré skutky náležející k první, druhé, třetí a čtvrté úrovni Boží moci.

Příběh o pákistánské dívce jménem Cynthia

Reverend Wilson John Gil měl v Pákistánu dceru, která se jmenovala Cynthia. V červenci 1999 začala náhle zvracet a krvácet a dostala průjem. Byla hospitalizována v láhaurské nemocnici v Rašídu. Měla zablokované tlusté střevo. Potřebovala okamžitou operaci. Ale její tělo bylo příliš slabé na to, aby operaci vydrželo.

Měla celiakii spojenou s blokací střeva.

V té době byla Cynthiina starší sestra Marie v Koreji. Přinesla mi Cynthiinu fotografii. 23. července 1999 jsem se nad fotografií horlivě modlil. V tom okamžiku začalo Cynthiino střevo poprvé za deset dnů fungovat. Rychle se uzdravovala a dalšího dne se mohla posadit. Po třech dnech byla propuštěna z nemocnice. Nakonec se zcela uzdravila.

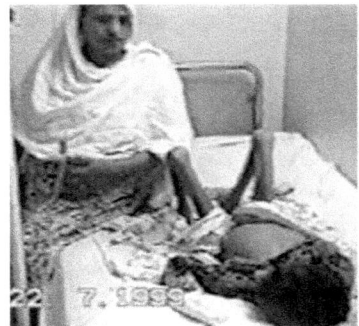

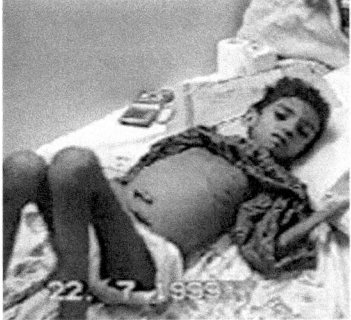

Cynthia v nemocnici (22. července 1999). Zdravá Cynthia (2007).

Modlitba nad její fotografií.

Nejvyšší moc stvoření

Nad těmito čtyřmi úrovněmi moci existuje ještě vyšší moc. Je to moc, která patří Stvořiteli. Když Bůh řekl: "Budiž světlo," objevilo se světlo. Toto je moc, skrze kterou se uskuteční všechno, jak bylo nařízeno.

Když Bůh nařídí slepému, aby otevřel oči, jeho oči se otevřou. Když Bůh nařídí chromému, aby začal chodit, stane se tak. Ježíšovy skutky byly skutky projevené skrze nejvyšší moc stvoření, která stojí nad čtyřmi úrovněmi moci. Je to moc Stvořitele stvoření.

Není to úroveň, na které živé stvoření dostane moc od Boha a projevuje různé skutky. Je to moc pocházející z původního světla, které vlastnil Bůh, když byl sám v době, než došlo ke stvoření.

11. kapitola Janova evangelia zmiňuje mrtvého Lazara, který byl mrtvý již čtyři dny a začal zapáchat. Přesto byl oživen a na Ježíšův pokyn: "Lazare, pojď ven!", vyšel ven.

Když člověk odhodí veškeré formy zla, stane se posvěceným, vyjde jako člověk neporušeného ducha, jeho srdce se podobá Božímu srdci a získá neomezené duchovní vědění, může vejít do úrovně, která překračuje všechny čtyři úrovně moci.

Když dosáhne nejvyšší úrovně moci, moci stvoření, mohou se dít úžasné věci podobné tomu, jako když Bůh svým slovem stvořil všechno, co je na zemi.

Nové milénium začalo velkým znamením

V roce 2000 mne Bůh podnítil k tomu, abych mu znovu zasvětil své modlitby. Udělal jsem to celkem čtyřikrát. Bůh chtěl, abych se na modlitby intenzivně soustředil. Řekl mi, že se musím modlit sám v horách a že se nesmím s nikým stýkat ani s nikým mluvit.

V té době mne tížily finanční otázky a jiné potíže související s církví a bylo skutečně velice těžké soustředit se na modlitby. Kdybych nekomunikoval s Bohem, jistě bych měl kvůli přemíře stresu vážné zdravotní problémy.

Během svého života na zemi se Ježíš modlil, kdykoliv měl čas. Ačkoliv Ježíš byl zosobněná Boží moc, aby dokázal naplno projevovat tuto Boží moc, musel být naplněn Duchem svatým skrze modlitbu, jelikož měl lidské tělo.

Počínaje 21. únorem jsem Bohu zasvětil své první modlitby, které trvaly deset dní. V horách jsem spal jen pár hodin denně a dvakrát denně jsem jedl. Byla to jednoduchá jídla, takže příprava mi netrvala déle než 10 minut. S výjimkou těchto krátkých přestávek jsem se celý den na kolenou modlil a o pauzách jsem četl Bibli.

"Jak mohu získat více moci, přinést všem Stvořitele a zachránit alespoň ještě jednu duši? Jak mohu lidem představit Ježíše, našeho Spasitele? Jak mohu lidi seznámit s nebem a peklem a přimět je, aby přijali Pána? Jak mohu evangelizovat svět?"

Mým jediným přáním bylo dosáhnout Božího království a jeho spravedlnosti. Avšak po skončení první série modliteb jsem se cítil před Bohem poněkud zahanben a zmaten.

Modlil jsem se, jak nejlépe jsem mohl, ale cítil jsem, že se svými modlitbami nevyrovnám Ježíšově modlitbě v Getsemanské zahradě, při které se jeho pot měnil v krůpěje krve. Bůh však byl s mými modlitbami spokojen a dal mi velký dárek.

Znamení, při kterém se hořká voda změnila ve sladkou

Církev Muan Manmin se nachází na čísle 153 ve vesnici Chun-Jang, která spadá pod Heje Myeon v okrsku Muan Gun v provincii Jeonnam. Nyní je spojena s pevninou, ale původně to byl ostrov se jménem Jookdo. Byla tam budova mládežnického tábora, kterou církev Muan Manmin koupila, aby ji využila jako svou modlitebnu. Je to jen pět minut autem od vesnice, kde jsem strávil dětství.

Církev Muan Manmin se tam přestěhovala v únoru 1999, ale její členové brzy zjistili, že zde není dostatek pitné vody. Dříve zde bývala studna, ve které však byla jen mořská voda, jež mohla být použita pouze pro bazén.

Pastor Myeongsool Kim z církve Muan Manmin vždy toužil

po tom, aby tam tekla pitná pramenitá voda. V okolí ale žádná voda nebyla, a tak ji museli přivádět vodovodem z tři kilometry vzdáleného místa.

V zimě to bylo obtížné, protože voda zamrzala a trhala trubky.

Bůh je stejný včera i dnes

Pastor Myeongsool Kim z církve Muan Manmin četl o hořké vodě z Mary, která se v knize Exodus proměnila v sladkou. Myslel si, že mořská voda by se mohla proměnit v pitnou, kdybych se za to pomodlil.

Exodus 15:23-25 nám říká: *"Došli až do Mary, ale nemohli vodu z Mary pít, protože byla hořká. Pojmenovali ji proto Mara (to je Hořká). Tu lid proti Mojžíšovi reptal: 'Co budeme pít?' Mojžíš úpěl k Hospodinu a Hospodin mu ukázal dřevo. Když je hodil do vody, voda zesládla."*

To se stalo před 3 500 lety, když Izraelité překročili Rudé moře. Hledali vodu v poušti Shur, ale nedařilo se jim žádnou pitnou vodu najít. Začali si tedy stěžovat na Mojžíše. Když se Mojžíš modlil k Bohu, nepitná hořká voda se proměnila v pramenitou pitnou vodu.

Pastor Myeongsool Kim a členové církve se nemodlili jen za to, aby se voda proměnila. Rovněž mě požádali, abych navštívil jejich církev a modlil se za to. Věřili, že slaná mořská voda se může proměnit v sladkou.

Během své první série modliteb na modlitební hoře jsem se modlil hlavně za církev v Muanu. Slyšel jsem, že během deseti dnů mých modliteb se nad modlitebnou církve Muan Manmin objevovala dnem i nocí duha ve tvaru kruhu. Později jsem se

Pramen sladké vody v Muanu.

dozvěděl, že se členové církve v Muanu postili a modlili za můj čas strávený na modlitební hoře.

Když jsem se 4. března po skončení páteční celonoční bohoslužby vrátil z modlitební hory, pastor Myeongsool Kim ke mně přišel s modlitebními náměty a prosil mne, abych se za ně modlil.

Jelikož členové církve v Muanu tak moc trpěli, nemodlil jsem se jen za to, oč mne pastor poprosil, ale také za to, aby se slaná voda proměnila v pitnou. Bůh tuto modlitbu vyslyšel, překročil omezení času a prostoru a projevil svou moc ve studni v Muanu, který ode mne byl vzdálen stovky kilometrů.

Dalšího dne okusil pastor Kim vodu ve studni a spolu se členy církve v Muanu zjistil, že voda, která dříve bývala tak slaná a hořká, se dnes dala pít.

Zavolal mi a sdělil mi tuto radostnou zprávu: "Pastore, stal se zázrak! Ze slané vody je sladká. Nepoživatelná mořská voda se proměnila v sladkou!"

Z telefonního sluchátka se ozývaly i nadšené hlasy členů církve v Muanu.

Uzdravení skrze sladkou vodu

Sladká voda je slabě zásaditá a má hodně minerálů. Tato voda neslouží jen k pití, ale má i uzdravující účinky. Korejci obvykle nemají 'dvojitá víčka', tj. záhyb kůže horního víčka. Mnohým lidem, kteří vodu s vírou nanesli na svá oční víčka, však záhyb kůže u horního víčka okamžitě narostl. Mnoho lidí se zbavilo žaludečních a kožních problémů.

Pastor Sungchil Lee z naší církve mi přivedl ukázat své tři děti, které měly dvojitá víčka. Žádné z nich se s nimi nenarodilo, avšak po umytí sladkou vodou se jim vytvořila. Existují i mnohá svědectví z jiných zemí.

V Muanu vede ze studny potrubí. Někteří věřící viděli svým duchovním zrakem paprsky světla přicházející od Božího trůnu a obklopující spodní část potrubí.

Když slaná mořská voda projde tímto světlem, promění se v sladkou. Toto místo navštěvovalo mnoho lidí nejen z Koreje, ale i ze zahraničí. Někteří z nich díky svému duchovnímu zraku rovněž viděli paprsky světla a mocné světlo ve sladké vodě.

29. března 2000 vylévala diákonka Hyeonju Oh vařící vodu z velkého železného hrnce. Nešťastnou náhodou si část vody vylila na krk a ramena.

Sladkovodní ryby nemohou žít ve slané vodě, mořské ryby nemohou žít v říční vodě. Ale sladkovodní a mořské ryby žijí pospolu ve sladké vodě v Muanu.

Měla vážné popáleniny na hrudi a zadní části krku. Okamžitě si přes telefon vyslechla nahrávku modlitby pro nemocné prostřednictvím systému automatické telefonní odpovědi a ucítila, jak z ní odchází horkost. Později jí rány začaly hnisat, ale když je omyla sladkou vodou z Muanu, problém zmizel.

Po třech dnech jsem se za ni pomodlil. Za týden již měla na místě popálenin strupy. Poté, co odpadly, měla naprosto neporušenou kůži. Úplně se uzdravila a neměla žádné vedlejší následky.

Sladká voda z Muanu pomáhá i zvířatům

Následující příhoda se stala v galilejské modlitebně, kde jsem se modlil. Bylo to v květnu 2003. Poblíž německého ovčáka si hrál náš holub. Pták se nebál, ani když na něj pes štěkal. Měl jsem trochu strach.

"Ten pes je uvázaný, ale když holub přijde dostatečně blízko, zakousne jej. Proč si tam ten pták hraje?"

Když pes štěkal, holub vždy trochu ustoupil. Ale hrát si nepřestal. Myslím, že tak to šlo několik hodin. Zdálo se, že psa neustálé poštěkávání unavilo.

Údržbář modlitebny mi vyprávěl zajímavý příběh. Před několika dny spadl holub na zem a máchal na zemi křídly. Když jej údržbář našel, pták již ztratil mnoho peří a umíral. Zdálo se, že pták požil nějaký jed.

Údržbář jej však chtěl zachránit. Modlil se a taky mu dal trochu sladké vody z Muanu. Poté, co se pták několikrát napil, nabyl dostatečné síly a odletěl.

Počínaje následujícím dnem začal toto místo každé ráno navštěvovat. Hrál si na dvorku, seděl na stromě a každý večer odlétal pryč. Někdy s ním přileteli i jiní ptáci a hráli si. Do té doby jsem si nikdy nevšiml, že by kdy do modlitebny přiletěl holub.

Když jsem ten příběh uslyšel, dojalo mne to. Rovněž mne ohromilo, že Boží milost se týká i ptáků. Holub přilétal zpět, aby se odvděčil za uzdravení. Na blízké hoře musel mít mnohem více druhů, přesto se stále vracel.

Požádal jsem údržbáře, aby na dvorek dával dostatek krmiva, aby holub se svými druhy nikdy nestrádal.

Jindol se po 18 dnech vrátil z prahu smrti

Máme psa, který se jmenuje Jindol. Správce jej vždy jednou denně pouštěl z obojku. Jindol se šel proběhnout na blízkou horu a za půl hodiny se vrátil. Ale jednou, zrovna když sněžilo, Jindol zmizel. Ani po několika dnech se nevrátil. Hledali jsme, kde jsme mohli, ale nenašli jsme jej.

Skoro jsme to vzdali. Po 18 dnech se však pes vrátil. Viděli jsme, že v horách padl do pasti a strašlivě trpěl. Kolem krku měl obtočený drát. Byl vážně poraněný.

Vyhubl až na kost. Na krku neměl srst a drát se mu dostal až na kost. Musel hodně zápasit s blátem, protože od něj byl celý umazaný. Zaměstnanci církve neustále polévali jeho krk sladkou vodou z Muanu. Rovněž pro něj vařili ryby, aby se mu vrátila síla. Bylo mi ho líto a také jsem se za něj modlil.

Normálně mě neměl moc rád. Občas jsem ho poplácal, ale jen když jsem šel do modlitebny. Takže mě nikterak bouřlivě nevítal. Nešel ani za člověkem, který ho krmil.

Avšak po této události se Jindol úplně proměnil. Stačilo mu jen slyšet zvuk mého auta a nemohl ovládnout svou radost. Vrtěl ocasem jako zběsilý. Nyní následuje toho, kdo jej krmí, s naprostou poslušností. Všichni ho milují.

Stejně jako lidé, kteří jsou po zkouškách zralejší, si i Jindol uvědomil hodnotu svého domova a byl svým pánům vděčný. Poté, co zjistil, že by mohl umřít, pokud svého pána opustí, se z něj stal velmi přítulný pes, který svého pána poslouchá.

Testy FDA prokazují fakta

Někteří lidé nepochopili správně informace o sladké vodě v Muanu. Nedávno vysílala korejská stanice zvaná MBC něco o sladké vodě v Muanu. Redaktoři byli předpojatí, což vedlo jen k nedorozumění.

FDA (Food and Drug Administration) je vládní organizace náležející pod Ministerstvo zdravotnictví a lidských potřeb Spojených států amerických. Provádějí bezpečnostní měření a určují standardy ohledně potravin, léčiv, chemikálií, kosmetiky a přísad do jídel. Kontrolují je a schvalují je.

Tato organizace provedla pět testů sladké vody v Muanu, které se týkaly minerálů, těžkých kovů, zbytkových pesticidů, podráždění kůže a akutní orální toxicity.

Výsledkem bylo, že sladká voda z Muanu je vhodná pro pití a pro lidské tělo celkově bezpečná. Vědci zjistili, že je velice bohatá na minerály nezbytné pro lidské tělo a výjimečně bohatá na vápník. Hodnoty tohoto prvku třikrát překračovaly hodnoty slavných minerálních vod ve Francii a Německu.

Bylo prokázáno, že sladká voda v Muanu je prvotřídní pitná voda. I z duchovního hlediska ti, kteří věří, že tato voda obsahuje Boží moc a napijí se jí nebo se s ní omyjí, dosáhnou zázračných uzdravujících účinků.

Kritikové říkali: "Jsou opilí."

Po zmrtvýchvstání Ježíše navštívil Petra Duch svatý. Petr předváděl mnoho znamení – uzdravoval nemocné a vyháněl démony. Židé na něj žárlili a společně s jinými apoštoly jej uvěznili. Jakmile Pavel vyhnal démona, zbili jej a také jej uvrhli do vězení.

Na letniční svátky Židé z okolních národů viděli učedníky Pána Ježíše, jak byli plni Ducha a mluvili v jazycích. Byli překvapeni, avšak nepochopili, že je to dílo Ducha svatého. Dělali si z nich legraci a tvrdili, že jsou opilí.

Stejně tak existují lidé, kteří kritizují dílo Ducha svatého a říkají, že tyto události jsou jen čistý mysticismus či nějaké divadlo. Mrzí mne, že takové názory slýchám.

Po ukončení první série modliteb na hoře Bůh projevil znamení a proměnil slanou vodu ve sladkou. Dal nám najevo, že mi skrze druhou sérii modliteb na hoře dá moudrost jiného rozměru, než kterou jsem měl předtím. Byla to moudrost vyřešit jakýkoliv složitý problém.

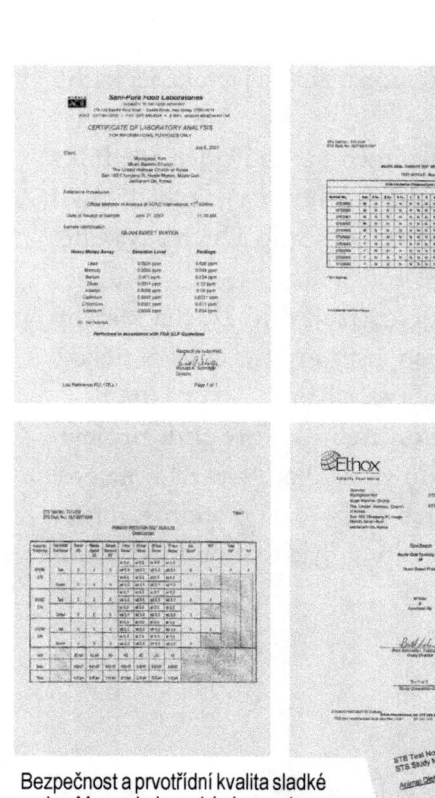

Bezpečnost a prvotřídní kvalita sladké vody z Muanu byla prokázána rozbory FDA.

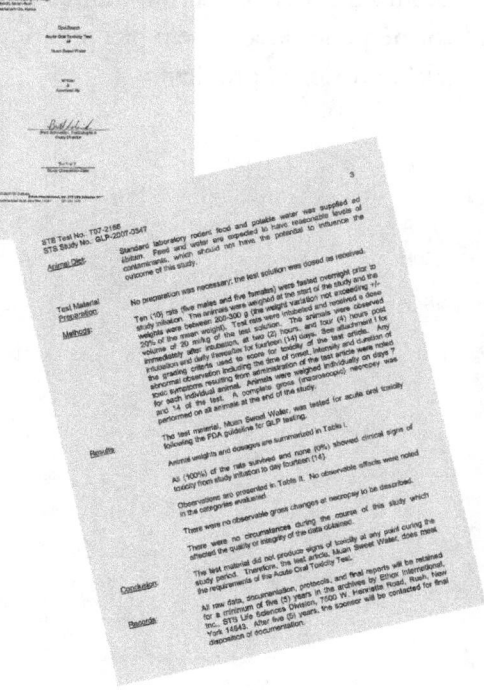

Modlitby na hoře a nasazení vlastního života

Bůh mi řekl, abych se během třetí série modliteb modlil jako Jákob, když si zlomil kyčelní kost. Také mi řekl, abych se modlil, jako by mi mělo puknout srdce. Znamenalo to, že jsem měl dát všanc celý svůj život. Bůh ke mně během modlitby promluvil.

"Rychle zachraňuj duše tímto svatým evangeliem. Jejich rty říkají: 'Pane, Pane, já věřím'. Nemají však víru, aby mne přijali také uvnitř svého nitra. Pokud ve mne opravdu věří, proč se spoléhají na nemocnice, když se jim něco stane? Navenek předstírají, že jsou svatí, ale uvnitř ostatní soudí, zatracují a pomlouvají. Jsou jako obílené hroby. Jako jeden slepý vede druhého, existují někteří Boží služebníci a učitelé, kteří vedou četné duše na cestu smrti. Rychle šiř toto evangelium po celém světě. Uč je, jak mohou dojít spasení. Probuď všechny duše na tomto světě."

Znamenalo to, že existuje jen málo lidí, kteří mají duchovní víru k tomu, aby v posledních dnech došli spásy.

Bůh mi ukázal, jak se modlil Mojžíš. Vysvětlil mi, jak se modlil na hoře Sínaj, než obdržel Desatero přikázání, aniž by pozřel pitnou vodu.

Na hoře Sínaj nebyly stromy, květiny, ptáci ani voda. Byla to divočina plná kamení a písku, kde člověk stěží našel byť jen jedinou rostlinu. Mojžíš se modlil o samotě. Zatímco odříkával první modlitby, byl Jozue s ním. Když se však za Desatero modlil podruhé, musel se modlit sám.

Po osmdesátce byl jistě velmi sešlý. Nosil otrhané oblečení a celé dny a noci se na kolenou horlivě modlil. Krev mu stékala po dlaních a jeho kolena byla rozedřená na kost. S touto bolestí se modlil ve dne v noci po 40 dní. Poté obdržel Boží odpověď, Desatero přikázání.

Není snadné přijímat Boží odpověď a slyšet jeho hlas. Musíte být naprosto poslušní a čistí. Když jsem dokončil třetí sérii modliteb na hoře, Bůh mi řekl, že jsem se modlil s nasazením života. Řekl mi o několika tajemstvích duchovního světa a o věcech, které nás čekají.

Podle verše v Janovi 14:12 jsem se modlil za to, aby se zdvojnásobila má moc a Boží inspirace, abych konal úžasné skutky, o kterých mluvil Ježíš.

To proto, že Boží moc a jasná inspirace jsou teď na konci věků, kdy je svět plný hříchu, nezbytné. Je to také nutné k tomu, aby byli spaseni ti, kteří nevěří ani poté, co viděli pád model a myšlení darwinismu, které na celém světě převažují. Bohu se tyto modlitby líbily a dal mi slib, že se vyplní.

Ke konci dubna zrovna před probuzeneckým setkáním v květnu 2000 jsem zahájil čtvrtou sérii modliteb zasvěcených

Bohu. Bůh mi řekl, ať nemyslím na nic, ani na svou rodinu a církev. Dnem i nocí jsem myslel jen na nebe a Boha Otce a volal jsem k němu v modlitbách.

Rovněž jsem ve dne pozoroval mraky a slunce a v noci měsíc a hvězdy. Poznával jsem stále více Boží lásku a prozíravost. Bůh mne naučil mnoho věcí o tajemství duchovního světa. Bůh mne hlouběji vyučoval o nebeském království a také o zlých duších, kteří ovládají peklo.

Po uplynutí čtvrté série modliteb zasvěcených Bohu, přirovnal Bůh moc, která se měla projevit, k vodopádům Iguaçu. Bůh odpovídá, jakmile věřící prokáží alespoň trošku víry. Na probuzeneckém setkání v květnu jsem nekladl své ruce na všechny nemocné, nýbrž jsem se za ně jen pomodlil z kazatelny.

Jedna modlitba stačila k tomu, aby zmizelo mnoho nemocí. Lidem se vracel zrak a mnozí vstávali z invalidních vozíků. Nemohl jsem než děkovat Bohu.

Neničte odměny uložené v nebi

2. června 2000 jsem se chystal odejít na páteční celonoční bohoslužbu. Tam jsem uviděl staršího naší církve Jongkyoo Lee. Byl vážně nemocný. Když jsem jej uviděl, uvědomil jsem si, že se musím modlit za jeho spasení a ne za jeho uzdravení. Něco jej vyděsilo a nemohl mluvit.

Díky Boží inspiraci jsem viděl, že se o jeho duši perou andělé a zlí duchové a snaží se ji přetáhnout na svou stranu. Znamenalo to, že v takové situaci pro něj může být obtížné dojít spasení. Ďábel ho před Bohem obviňoval, aby si ho mohl vzít do pekla.

Uvědomil jsem si vážnost situace a modlil jsem se: "Všichni

zlí duchové, vládcové oblak, jděte pryč! Bože, přijmi jeho duši."

Lidé kolem mne byli překvapeni a žádali mne, abych se modlil za jeho uzdravení.

Jeden mi řekl: "Pastore, vždyť vedl tolik let naše dobrovolníky a musí se zúčastnit nastávající zasvěcovací bohoslužby skupiny dobrovolníků."

Odpověděl jsem: "Copak jsi neslyšel? Je to tak, jak jsem řekl."

Po mé modlitbě se do tváře našeho staršího vrátil pokoj a z jeho očí kanuly slzy. Našel pokoj uprostřed nepředstavitelné bolesti. Řekl jsem jeho rodině, aby připravila pohřeb. Také jsem požádal pracovníky církve, aby při pohřbu odvedli co nejlepší práci, protože jak sami říkali, udělal pro naši církev mnoho.

Byl to případ člověka, který pracoval pro církev, ale jen taktak došel spasení. Dalšího dne, tedy 3. června, zemřel. Bůh mi ukázal, že je v horním podsvětí, kde čekají spasení lidé. Mnoho lidí čekalo v zástupu a on měl sklopenou hlavu.

"Víš, proč má tento syn sklopenou hlavu? Je to člen církve Manmin, který jedl duchovní pokrm, který od tebe dostával."

Jako člen naší církve slyšel slovo života. Byl u nás starším církve a vedl dobrovolníky. Teoreticky by měl jít do jednoho z nejlepších míst v nebi, například do třetího nebeského království nebo do nového Jeruzaléma. A přesto byl jen stěží spasen. Jinak řečeno, dostalo se mu ostudného spasení a šel pouze do ráje. Proto nemohl pozvednout hlavu. Bůh mi řekl, že s pláčem děkoval za spasení a že se za mne bude modlit, dokud se znovu nesetkáme.

Proč musel věrný služebník v té chvíli získat tento druh ostudného spasení? Bůh mi sdělil toto:

Když naše církev čelila třem zkouškám, měl jako vedoucí skupiny dobrovolníků stát při svém pastorovi a členech církve blíže než kdokoliv jiný. Když však uslyšel pomluvy a uviděl dokumenty připravené zlými lidmi, jeho víra byla otřesena.

Naše členy jsem vždy učil, aby se nedívali na nic, co není pravda, aby to neposlouchali a nešířili. Mnohokrát jsem to zdůrazňoval, ale on neposlechl. Poslouchal ty, kteří chtěli církev zničit a jeho srdce bylo otřeseno.

I v roce 1999 po incidentu s televizí byl v pozici, kdy měl chránit církev a jejího pastýře, avšak zlí lidé jej podvedli a on nekonal svou povinnost. Jelikož Boha tímto způsobem zklamal, nechtěl si jej Bůh nechat. Jeho odměna, kterou měl v nebi uloženou, zmizela, a bylo pro něj těžké dosáhnout holé spásy.

Vzhledem k této situaci proti němu vznesl ďábel obvinění, aby dosáhl jeho vydání peklu, ale andělé se s ním o něj přetahovali a chtěli ho vzít do nebe. Musely to pro něj být velice bolestné okamžiky! V této situaci jsem se modlil, abych zlé duchy odehnal. Odešli a on byl zachráněn a spasen.

Podobně, když někdo odsuzuje církev, která miluje Boha, jako heretickou nebo pastora, kterého miluje Bůh, obviňuje z hereze nebo z jiných přečinů, jedná se o hřích rouhání proti Duchu svatému. Kdo spáchá takový hřích, nebude mu odpuštěno, ani když se bude kát. Jen stěží dojde spásy a jeho odměna v nebi bude zničena.

Proto bychom se měli držet Slova a s bázní a chvěním uvádět ve skutek své spasení (Filipským 2:12).

Proroctví o Severní Koreji

13. června 2000 přijel prezident Kim Te-džung na pchjongjangské letiště Soon Ahn. Byla to vůbec první návštěva jihokorejského prezidenta v Severní Koreji.

V roce 1983 jsem prorokoval, že Jih začne se Severem komunikovat po uplynutí tří let. Bylo to těsně po severokorejském teroristickém útoku na několik korejských duchovních v Myanmaru, takže vztahy byly na bodě mrazu. Pokud kdokoliv řekl něco, co nebylo v souladu s vládní politikou vůči Severní Koreji, porušoval 'Zákon o národní bezpečnosti'.

Teroristický útok se konal v říjnu 1983, kdy byl prezident Doohwan Chun na návštěvě, kdy navštívil šest zemí. Myanmar byl první z nich. Při návštěvě hrobu Aung Sana se ozval velký výbuch a 17 členů prezidentova doprovodu bylo zabito a 14 zraněno.

Zjistilo se, že za útokem stál tehdejší severokorejský vůdce Kim Ir-sen. Vztahy mezi Severní a Jižní Koreou byly naprosto zmrazeny a nikdo si neuměl představit průlom.

Po třech letech, konkrétně začátkem ledna 1987, byl vznesen návrh na politické a vojenské rozhovory obou Korejí, na nichž se mělo jednat o snížení vojenských sil. Během první poloviny 90. let jsem také prorokoval, že vztahy obou zemí se ještě zlepší a budou se zlepšovat i nadále.

V září téhož roku se v Soulu konaly první rozhovory Severní a Jižní Koreje na vysoké úrovni. V říjnu se střetly týmy obou zemí ve fotbalovém utkání a lidé byli velmi překvapeni neočekávaným vývojem událostí. Od té doby existuje mezi oběma zeměmi spousta kontaktů ve sportovní oblasti. Rovněž se odehrávají setkání na vysoké úrovni.

Hned poté, co jsme založili církev, mi Bůh řekl, že se bude konat Severo-jižní summit a také to, jak se situace na konci věků vyvine.

Pán mi řekl, že se bude hovořit o volbě společného prezidenta pro Sever i Jih. Znamená to, že tyto události se odehrají ve vztahu s dobou, kdy se Pán vrátí v oblacích.

Summit podle proroctví

Jak mi Bůh dal vědět v roce 1983, Severo-jižní summit se nakonec konal 15. června 2000. Těsně před konáním tohoto summitu, 4. června, jsem řekl, že vím, co se bude ve vztahu k summitu následně dít.

"Severní Korea má ohledně summitu své vlastní zištné cíle. Naši zástupci by se neměli nechat ošálit. Jedním důvodem je ekonomika, ale to je drobnost. Vyzývám všechny členy, aby se za summit modlili."

11. června jsem na nedělní bohoslužbě vysvětlil, co mi Bůh řekl.

"Budou probíhat jednání. První jednání budou přátelská, s procházkami a občasnými vtipy. Politici se budou bavit o politice, ekonomice a atletických výkonech. Ale počínaje druhým kolem rozhovorů bude mít náš prezident s přístupem Severokorejců potíže. Prosím, modlete se, abychom se vyhnuli velkým obtížím. 'Procházka' zde znamená, že se politici budou procházet a přátelsky spolu rozmlouvat."

13. června, když prezident Kim Te-džung přijel do Pchjongjangu, přišel jej tamní prezident Kim Čong-il přivítat na letiště. Většina lidí očekávala, že atmosféra bude poněkud nepříjemná a napjatá.

Během návštěvy však Kim Čong-il ukázal přívětivou tvář a přátelsky s naší hlavou státu rozmlouval. Lidi v Jižní Koreji to překvapilo. Jeho jednání dokonce Jižní Koreu nadchlo. Objevovaly se titulky jako 'Kim Čong-il šokuje' a 'Kim Čong-ilův syndrom'.

Jak mi Bůh řekl, summit probíhal ve velmi přátelském ovzduší a politici se dohodli na jeho pokračování. První jednání naplnilo lidi pozitivními emocemi. Celá země byla šťastná a dychtivě vše sledovala.

Skryté složité plány

Po prezidentově návratu ze Severní Koreje jsem 16. června a poté i o dva dny později 18. června na páteční celonoční bohoslužbě a na nedělní bohoslužbě lidem sdělil, co mi Bůh řekl. Severní Korea projevila přátelský postoj a přijala prezidenta Jižní Koreje s velmi detailním plánem.

Bůh řekl, že okamžitě po rozloučení s Kim Te-džungem vstoupil prezident Kim Čong-il do tajné místnosti, kde měl poradu o násilném znovusjednocení. Analyzovali všechny lidi z Jihu, o kterých si mysleli, že by jim mohli být nápomocní.

Zatímco lidé v Jižní Koreji, kteří se nechali zmást přátelským postojem Severní Koreje, snili o mírovém sjednocení, spřádal Sever plány na sjednocení obou zemí silou.

Bůh mi sdělil, že Kim Čong-il si získal srdce lidí na Jihu tím, jak přivítal prezidenta Kim Te-džunga. Do té doby o něm lidé z Jižní Koreje nesmýšleli dobře. Díky tomuto setkání se to však změnilo. To znamená, že Kim Čong-ilovi se zdařil jeho plán získat si přízeň lidí na Jihu, aby dosáhl svého cíle.

Bůh mi také řekl, že tzv. 'Politika slunečního svitu' nebude mít dobré výsledky. Když Sever získá pomoc, bude spolupracovat, avšak jen krátkodobě. Navenek se chovají přátelsky, ale jejich úmysly jsou jiné. Přesně to se splnilo. Sever připravoval nukleární zbraně podle svých vlastních plánů.

Brzy po založení církve mi Bůh sdělil, že Severní Korea se jednou otevře. Tento den se ve skutečnosti blíží díky tlaku Spojených států a jiných zemí. Z tohoto důvodu se někteří naši pastoři i jiní členové církve připravují na misionářskou činnost v Severní Koreji.

Severní Korea se však otevře jen na chvíli. Bude cítit, že to ohrožuje její režim, a tak dveře zase rychle přibouchne. Než se tak stane, upozorní všechny cizince, aby zemi opustili. Mnoho misionářů Severní Koreu opustí, ale jiní se rozhodnout zůstat tam až do konce a kázat evangelium. Nakonec se z nich stanou mučedníci.

Kapitola 5

Tak, jako voda přikrývá moře

Zahraniční misie se naplno rozjíždí

Od té doby, co naše modlitebna v červenci 1982 poprvé otevřela své dveře na malém místě o rozloze asi 70 metrů čtverečních, jsem se s několika pracovníky církve modlil za světovou misii a za postavení velkého chrámu. Tu vizi mi dal Bůh.

O 17 let později, když jsme stáli na prahu nového milénia, se díky Boží prozíravosti rozjela naše světová misie naplno.

V knize Skutky apoštolů vidíme v Jeruzalémě v době rané církve velké probuzení. S tím, jak se pronásledování církve stupňovalo, byli věřící roztroušeni všude.

Pronásledování jejich víru ještě posílilo a bylo počátkem šíření křesťanství po celém světě. I když se nepřítel ďábel snaží tuto činnost narušit, Boží vůle a prozíravost bude rozhodně naplněna.

Naše církev byla od prvopočátku naplněna Duchem svatým.

Dělo se mnoho znamení a zázraků a církev velmi rychle rostla. Nepřítel ďábel se ji samozřejmě pokoušel zničit.

Veškeré zkoušky jsme překonali pomocí víry a lásky a Bůh nám dával stále více moci. Počínaje kampaní v Ugandě v červenci 2000 jsme byli schopni rozjet světovou misii naplno.

Uganda, počátek světové mise

Ačkoliv se Ugandě říká "perla Afriky", zoufale potřebuje Boží milost. Hrozí jí chudoba, nemoci a občanská válka. Podle statistik je takřka třetina obyvatel HIV pozitivních a počet nakažených rychle roste.

Křesťané v Ugandě jsou rovněž znepokojeni celosvětovou expanzí islámu.

Když jsem na kampani v Ugandě mluvil, cítil jsem, proč mne tam Bůh vyslal.

Z letadla z Londýna do Nairobi jsem z okna viděl duhu ve tvaru kruhu. Byla výjimečná. Letadlo se nacházelo uvnitř ní. Od tohoto okamžiku, kdykoliv jsme vyrazili do zahraničí za misijními účely, objevovaly se duhy. Objevovaly se trojité duhy ve tvaru kruhu, rovné duhy a různé jiné druhy.

4. července 2000 jsem přijel s naší misijní delegací do Ugandy. Na letišti nás přivítali různí političtí a náboženští představitelé včetně prezidentova tajemníka pro náboženství, kampalského starosty a pana Jehoaha Nkangiho, ugandského ministra spravedlnosti. Místní lidé oblečení v tradičních oděvech nás přivítali nadšeným tancem a veselím.

Na cestě z letiště do hotelu na nás mnoho lidí mávalo. Viděl jsem rovněž hodně billboardů, které upozorňovaly na naši kampaň. Kampani se dostalo pozornosti i v televizi a místním tisku.

V hotelu Nile v Kampale jsme uspořádali tiskovou konferenci. Přišlo na ni mnoho novinářů včetně těch z CTV. Slíbil jsem jim, že slepí prohlédnou, chromí budou chodit a že Bůh bude oslaven mnoha zázračnými skutky.

Nepřítel ďábel a satan se však naši snahu pokoušel narušit. Někteří korejští misionáři šířili velmi zavádějící zvěsti. Snažili se také působit na tisk, aby dosáhli ukončení kampaně.

Avšak upřímná touha Afričanů po Bohu vedla k úplně jiným výsledkům, než jaké si tito misionáři představovali. Jejich snaha o narušení kampaně nám dodala na publicitě ještě více. Nejen vládní úředníci, ale také média měla větší zájem o to, co se bude během kampaně dít.

Konference vedoucích představitelů církví

5. a 6. července se v kampalské mezinárodní konferenční síni konala Konference vedoucích představitelů církví. Účastnili se jí pastoři nejen z Ugandy, ale také z Keni a Tanzánie. Ve vzduchu bylo cítit nadšení tisíců pastorů. Přeplněné byly i uličky.

Kázal jsem na téma 'Svatost Bohu'. Posluchači hltali každé slovo a když uprostřed mých slov uviděli Boží znamení a zázraky, vzdali Bohu slávu potleskem a radostnými výkřiky. Měli stejnou radost, jako kdyby tyto Boží skutky zakusili na vlastní kůži.

V Koreji se mnoho lidí na Boží skutky tváří podezíravě a snaží se je narušit, očernit či znemožnit. V Ugandě tomu je úplně jinak. Tamní lidé mají čistá srdce, která chtějí věřit Božímu slovu tak, jaké skutečně je.

Sjednocená kampaň překypovala skutky uzdravení

Den poté začala třídenní kampaň, která se konala na stadiónu Nakivubo. Prvního dne se zúčastnilo asi 70 000 lidí. Vše začalo vystoupením biskupa Grivase Musisiho. Já jsem poté pohovořil o Bohu Stvořiteli.

Překládalo se do angličtiny a do místního ugandského jazyka, takže skutečný čas kázání byl jen 20 minut.

Poté jsem se asi jen pět minut modlil za nemocné. Přes krátkost modlitby se lidé uzdravovali v hojném počtu již od prvního dne. Viděl jsem ženu, která ležela pod pódiem. Nemohla se hýbat.

Lidé, kteří vypadali jako její rodinní příslušníci, s ní třásli, ale ona ležela jako mrtvá. Když modlitba skončila, vstala a vyšla na pódium. Když to lidé viděli, křičeli nadšením.

Byla tam i dívka, která měla na nohou popáleniny a nemohla chodit. Další člověk přišel, protože měl jednu nohu kratší a nemohl proto pořádně chodit. Kromě toho tam bylo mnoho lidí, kteří spěchali, aby vydali svědectví o tom, že se uzdravili z AIDS, zbavili svých kožních nemocí a zažili různé jiné zázraky z Boží milosti.

Druhého a třetího dne se děly ještě mocnější skutky. Když lidé odhazovali berle a hůlky a šli dopředu, dav nadšeně jásal. Blesky fotoaparátů nás nepřestávaly oslepovat a výška tónu hlasu novináře, který z místa dělal reportáž, rostla s jeho nadšením.

Člověk, který se 14 let neobešel bez holí, je nyní odhodil. Slepí prohlédli. Jeden muž, který nemohl chodit kvůli rakovině, se postavil na nohy a chodil. Šestiletý chlapec, který nemohl chodit a mluvit, se znenadání uzdravil a začal mluvit i chodit.

Reportáž na CNN

Stadión se svědectvími o uzdravení, aplausem a nadšením byl jako tlakový hrnec plný emocí a vzrušení lidí. Někteří lidé mávali šátky a jiní tančili a zvedali židle.

Kampaň živě vysílala ugandská státní televize i WBS (World Broadcasting System). Zprávy o kampani se každý den vysílaly na čtyřech kanálech a zmiňovala se o nich i různá rádia. Dokonce i CNN a jedno britské rádio přenášely reportáže z této události.

"Dr. Jaerock Lee předvedl znamení a zázraky Ježíše Krista prostřednictvím Boží moci a dokázal, že je Božím člověkem. Tato znamení a zázraky mohou pocházet jen od Boha."

I po ukončení kampaně CNN třikrát odvysílala reportáže o Boží moci. Bůh plánoval, že se s jeho dílem jiné země nejprve seznámí. Zatímco ti, kteří byli uzdraveni, svědčili o svém uzdravení, jiní získávali víru tím, že viděli Boží skutky. Lidé přinášeli mnoho šátků, aby na nich přijali modlitbu.

Měli jsme před sebou hromadu dopisů, modlitebních námětů a fotografií. Neměl jsem čas se pomodlit za každého jednotlivě, a tak jsem se modlil za všechny dohromady. Dále tam byli další lidé, kteří přinesli další hromadu s žádostmi o modlitbu.

Ugandští vedoucí představitelé církví poslouchali čisté a živé slovo a stali se svědky nepopiratelných skutků Boží moci. Vyznali, že nabyli novou víru a byli posíleni.

Po kampani za mnou přišlo několik pastorů a na kolenou činili pokání ze své snahy kampaň narušit. Slyšel jsem, že organizátoři kampaně rovněž přijali mnoho omluvných telefonátů. Nerozuměli tomu, že jsem Boží člověk, a tak se naši práci pokoušeli narušit. Nyní chtěli vědět, jak to mohou napravit.

Reportáž CNN.

Přijetí skutků Boží moci

Jedna 22letá sestra byla muslimka a nemohla chodit kvůli tomu, že trpěla obrnou spodní části těla, ale při kampani se uzdravila. Islámské orgány vydaly zákaz hovořit o této dívce a o jejím uzdravení během kampaně. Slyšel jsem však, jak říká: "Zúčastnila jsem se kampaně a byla jsem uzdravena, tak o tom musím mluvit."

Uganďané byli chudí v duchu a svaté evangelium a skutky Boží moci přijímali s čistým srdcem. Kdykoliv byl někdo uzdraven, ať pastoři či obyčejní věřící, radovali se, jako by se to přihodilo jim samotným. I po skončení oficiálního programu

kampaně se lidé nerozcházeli, ale zůstávali na místě. Jejich čisté a dobré srdce mne dojalo.

Jedna žena něco uviděla duchovním zrakem. Vyznala, že u místa, kde se kampaň odehrávala, viděla koně a ohnivé vozy (2 Královská 6:17). Bůh tímto způsobem zhatil plány nepřítele ďábla. "Koně a ohnivé vozy" znamenají, že je přítomna nebeská armáda.

Po kampani jsem se za ugandský lid modlil. Bůh mi řekl, že ačkoliv zpívají z celého srdce Bohu chvály, o Božím slově toho moc nevědí.

"Lidé z této země zpívají Bohu chvály z celého srdce, aby Bohu vzdali slávu. Znají Boha uprostřed chval, ale nevědí o Bohu uprostřed Slova. Ale tentokrát je budeš o Bohu uprostřed Slova vyučovat."

Boží slovo a skutky Boží moci, které se na této kampani odehrály, připoutaly pozornost mnoha médií, které je šířily. Ugandské církve to spojilo a posílilo.

Při kampani v Nagoji uzdraveno deset hluchoněmých

Po ugandské kampani nás Bůh zavedl do Japonska. Japonci věří v mnoho bohů, kterým slouží. Křesťanů tam není ani jedno procento.

Některé japonské pastory hluboce dojala Korejsko-japonská sjednocená kampaň, kterou jsme uspořádali v naší církvi v roce 1992. Chtěli navázat stálou spolupráci a misijní podporu. Prvního misionáře jsme do Japonska poslali v roce 1994. Zároveň jsme tam založili pobočku naší církve. Byl to počátek naší misie v Japonsku.

Kampaň v Japonsku byla naplánována na 14. září 2000, ale od 11. září začalo prudce pršet. Byl to následek řádění tajfunu. Televize ukazovala zaplavenou Nagoju. Podle předpovědi měl tentýž tajfun zasáhnout Koreu.

Mezitím bylo v Japonsku zaplaveno již 30 000 domácností. Město Nagoja nechalo evakuovat 17 000 lidí. Město přestalo fungovat. Podle předpovědi počasí mělo v Nagoji během týdne, ve kterém se kampaň měla konat, prudce pršet.

13. září, když jsme do Japonska přijeli, však prudký déšť ustal a voda z ulic města zmizela. Kampaň jsme pořádali podle plánu od 14. do 15. září a za příjemného podzimního počasí. Náš orchestr Nissi předvedl velice kvalitní křesťanské vystoupení.

Na kampani bylo zvláštní, že se jí zúčastnilo 13 hluchoněmých lidí. Zajistili jsme pro ně tlumočení do znakové řeči. Pozorně vše sledovali, aby kázání pochopili.

Během modlitby v druhém dni kampaně se 10 z nich díky Božímu slitování najednou uzdravilo. Bylo to tak dojemné, když se radovali a svědčili o tom, že slyší.

Nishio Shenbiro se neudržela a musela nám říci, že od narození vůbec neslyšela a v posledních dvou letech jí zvonilo v uších. Nyní však bylo pryč i to zvonění a sluch se jí pomalu vracel.

Odjezd do Pákistánu s duchem mučednictví

V Pákistánu představují muslimové 97 procent populace. Ústava zaručuje svobodu vyznání, avšak křesťané čelí mnoha nevýhodám nejrůznějšího druhu.

Hrozí jim násilí a někdy jsou i zabíjeni, ale nemohou se dožadovat svých práv. I různé muslimské skupiny na sebe útočí bombami, tak jakou šanci tady asi má křesťan?

Musel jsem se skutečně připravit na mučednickou smrt. Když jsem se modlil, Bůh mi řekl: *"Kolem této kampaně bude mnoho vzruchu a snah o její přerušení. Ale nedělej si starosti. Vysoce postavený důstojník ti na můj popud pomůže. Kampaň se odehraje bez incidentů či neštěstí a velmi přispěje k mé slávě."*

16. října 2000 jsem během letu do Pákistánu viděl jasnou čtyřnásobnou duhu ve tvaru kruhu.

Uvědomil jsem si, že Bůh mi ji ukázal, aby mi dal najevo, že čtyřdenní kampaň v Pákistánu bude chránit světlem své moci ve čtyřech úrovních. Na letišti na nás čekali pastoři, organizátoři kampaně a novináři.

Cynthia, dcera reverenda Wilsona Johna Gila, mne přivítala kyticí růží. (O jejím příběhu jsem se zmínil ve 3. kapitole.) Vyrostla z ní velmi zdravá mladá žena.

V Láhauru viselo mnoho plakátů ohlašujících kampaň. Dostalo se jí i publicity v médiích. Některé plakáty muslimové strhali a objevily se i výhrůžky, že dojde k bombovému atentátu.

18. října připravili organizátoři uvítací banket v mezinárodním hotelu Avari. Dostavilo se mnoho vysokých hodnostářů včetně S. K. Tresslera, ministra kultury, sportu, mládeže a turismu; ministra spravedlnosti provincie Paňdžáb a bývalého předsedy Nejvyššího soudu.

Před banketem se stalo něco nepředstavitelného. Pan Abdula, nejvyšší islámský představitel provincie Paňdžáb, si ke mně přijel na vozíku pro modlitbu za své nohy.

Muslimové nemají povolen kontakt s křesťany. Takže to, že jakožto muslimský hodnostář si ke mně přijel pro modlitbu, bylo významné rozhodnutí na jeho straně. Když jsem se za něj modlil, uvědomil jsem si, že je to znamení, že Ježíš Kristus již vyhrál duchovní bitvu v této kampani.

Protože Pákistán je islámská země, bez podpory pákistánské vlády by bylo těžké kampaň uspořádat. Bůh pro nás předem připravil mnoho pomocníků.

Pevně zavřené brány

Bylo 19. října 9 hodin ráno, první den konference pro pastory. Ráno jsem se doslechl, že konference byla náhle zrušena. Vlakové nádraží a místo pořádání konference byly zavřeny. Přitom jsme od vlády měli všechna nezbytná povolení.

Když jsme dorazili na místo, kde se měla kampaň konat, zastavili nás ozbrojení policisté. Když naši pracovníci požadovali, aby otevřeli brány, nechali vjet jen mé auto a ochranku. Pak se brána znovu zavřela. Policisté ozbrojení puškami a ručními granáty zabránili autobusům ve vstupu na stadión.

Kvůli tlaku vyvíjeného z muslimských kruhů na vládu se vláda rozhodla setkání z bezpečnostních důvodů zrušit. Na stadiónu byli místní pastoři, kteří přijeli, než byly brány uzavřeny. Modlili se a chválili Boha.

Postupem času začali být policisté na lidi nepříjemní. Někteří přijeli z míst 10 až 20 hodin vzdálených, ale nemohli se dostat ani ke stadiónu. Slyšel jsem zvenku zvuk modliteb a chvalozpěvů.

Jen jsem se modlil a spoléhal na Boha, který mi řekl: *"Nikdo nemůže kampaň narušit. Brány se v poledne otevřou."*

Řekl jsem lidem: "Konference bude zahájena v poledne, nedělejte si starosti."

Ozbrojení policisté však neodcházeli a situace se nikterak nevyvíjela k lepšímu. Ale pracovníci, kteří byli se mnou, mi věřili, že konference začne v poledne.

Bůh nabízí pomocnou ruku

Jak jsme věřili, brány stadiónu se otevřely v poledne.

Dovnitř začaly důstojně proudit davy lidí s rukama nad hlavou. Vypadali jako generálové vracející se z válečné výpravy s velkým vítězstvím. Ministr S. K. Tressler se doslechl, že konference byla zrušena. Zavolal vládním úředníkům a požádal je, aby konferenci povolili. Poté sám spěchal na stadión.

Měl v plánu jet do Islámabádu, ale když se doslechl, co se děje, přesunul si schůzku a přišel nám pomoci. Ti, kteří čekali na předměstí a modlili se za začátek konference, rovněž přišli a radovali se.

Ministr S. K. Tressler přednesl poselství pro konferenci pastorů. Během těchto dvou dní jsem mluvil o tajemství růstu církve a o 'Poselství kříže'. Když jsem se modlil za nemocné, jedna dívka se vymanila z područí démona. Člověk, v jehož těle byl 14 let nádor, se uzdravil. Přišli hluší a najednou slyšeli. Mnoho lidí potvrdilo, že jsme z nich sňali okovy bolesti. Tyto zprávy se rychle rozšířily prostřednictvím státní televize a jiných médií. Povídali si o tom i jednotliví lidé.

Ještě větší dav se shromáždil u místa konání kampaně

20. října v 7 hodin večer začala v Burtově institutu naše kampaň. Protože konference pro pastory byla úspěšná, lidé se k nám jen hrnuli. Během tří dnů se shromáždilo každý den více než 100 000 lidí.

Přijížděli z celé země autobusem či vlakem. Místo kampaně bylo již plné lidí a nebylo už zde žádné volné místo. Ti, kteří nemohli vstoupit, museli slovo poslouchat venku z reproduktorů. Slyšel jsem také o mnoha lidech, kteří se museli vrátit, protože nebyli dost blízko na to, aby vůbec něco slyšeli.

Druhý a třetí den přišlo ještě více lidí než první den a bylo plno i venku mimo místo, kde se konala kampaň. Policie, která se nás první den snažila zastavit, naprosto přehodnotila svůj postoj a pomáhala nám s udržením pořádku a bezpečí až do samotného konce.

Dobře vyzbrojení policisté hlídali místo i naše pracovníky celý den. Byli rozmístění po celém místě konání akce, a tak mohli zajišťovat naprostou bezpečnost.

Kampaně se zúčastnilo mnoho vysokých úředníků a představitelů církve. Státní televize a další média o akci nadšeně informovaly. Zprávy o kampani se rychle rozšířily do ostatních středovýchodních a jiných islámských zemí.

Mluvil jsem o tom, proč je Ježíš naším Spasitelem. Rovněž jsem zdůraznil, že veškeré nemoci mohou být uzdraveny a problémy vyřešeny a že na věčný život v nebi se může těšit jen ten, kdo se modlí ve jménu Ježíše Krista. Posluchači mi velmi pozorně naslouchali. Mé kázání se překládalo do angličtiny a urdštiny.

Kampaně se zúčastnily i desítky tisíc muslimů. Organizátoři mi řekli, že představovali více než polovinu účastníků. V jedné chvíli jsem posluchače požádal, aby zvedli ruce, pokud teď uvěřili v Ježíše Krista. Většina rukou se zvedla. Byl to radostný a dojemný moment.

Během tří dní kampaně, potom, co jsem přednesl své slovo, jsem se vždy modlil za nemocné jako celek. Modlil jsem se s veškerým úsilím, aby se alespoň ještě jeden člověk z Boží vůle uzdravil. Skrze modlitbu Bůh mohutně projevoval skutky Ducha svatého.

Jakmile modlitba skončila, mnoho lidí, kteří se zázračně uzdravili, předstoupilo na pódium a vydávali o tom svědectví. Pódium bylo za chvíli plné. Díky skutkům Boží moci se během této kampaně uzdravilo mnoho lidí.

Uzdraveno bylo i mnoho endemických chorob a z několika lidí odešli démoni. Ti, kteří nemohli vidět, najednou prohlédli

Pákistánská sjednocená kampaň.

a ti, kteří neslyšeli, začali slyšet. Jedna sestra, která nemohla od dětství chodit kvůli mozkové obrně, začala chodit a jedna její noha, která byla kratší než druhá, najednou o pět centimetrů povyrostla.

Misionářská kampaň se mohla odehrát díky podpoře členů naší církve, díky jejich půstu, modlitbám a darům. Mnoho lidí dalo s vírou jediné své 'dva měďáky'. Bůh mi řekl, že tito lidé dojdou požehnání na zemi a dostane se jim velkolepé odměny, zlata a drahokamů v nebeském království.

Boha tato kampaň v Pákistánu potěšila a řekl mi, že proto po jejím ukončení obklopil naši církev a veškeré její pobočky na celém světě světlem stvoření.

Rovněž mi řekl, že nám dal jako dar plamenný meč. Když světlo stvoření zažene veškerou temnotu, plamenný meč se rozlomí. Bůh mi vysvětlil, že tak zaručuje mé slovo. Pokud třeba přikážu kostem, aby se spojily, spojí se a spraví se. Také nám dal vědět, že nastanou skutky stvoření.

Boží moc oživuje mrtvé

6. května 2001 se nad modlitebnou během nedělní bohoslužby objevila jasná duha ve tvaru kruhu. Bylo to znamení, že Bůh s námi bude po celé deváté Speciální dvoutýdenní probuzenecké setkání, jehož začátek byl plánován na další den.

Po dobu celého probuzeneckého setkání se nad modlitebnou objevovaly rovné duhy i duhy ve tvaru kruhu. I na tomto setkání se zázračně uzdravilo mnoho lidí. Například byl uzdraven člověk, jemuž se rakovina rozšířila po celém břiše. Další člověk s leukémií byl rovněž uzdraven.

Yamazaki Hiromi z Japonska už 10 let chodila s ohnutým hřbetem o 90 stupňů. Během prvního týdne nás sledovala v Japonsku po Internetu. Když přijala mou modlitbu za nemocné, její páteř se skoro úplně narovnala a bolest pomalu odcházela.

Byla velmi překvapená a přijela do Koreje na zbytek setkání. Když 17. května přijala mou modlitbu, sestoupil na ni oheň Ducha svatého. Začala se potit po celém těle a její páteř se dokonale narovnala.

Ueda Hideo, její krajan, trpěl cukrovkou, hepatitidou a byl těžký alkoholik. Na setkání přišel jen silou vůle a na naléhání přátel. Když jsem se za něj pomodlil, připadal si, jako by z jeho hlavy někdo odstranil smetí. Nyní mohl chodit bez pomoci a nabyl nových sil.

Ztuhlé a studené tělo

Jaeho Lee byl pastorem jedné pobočky naší církve. 8. května se mu přihodilo něco zlého. Jeho rodina mi tu situaci vysvětlila. Brzy ráno začal náhle zvracet. Ve dvě hodiny odpoledne už své tělo nedokázal ovládat.

Začal trpět dehydratací a rychle ztrácet tekutiny ve svém těle, protože průjem a zvracení neustávaly. Kolem pěti hodin odpoledne ztratil vědomí. Jeho kůže se v důsledku rychlé ztráty tekutin svraštila. Dokonce i jeho konečník se otevřel a z jeho těla začala vycházet bílá tekutina s bublinkami. Z medicínského hlediska byl prakticky mrtvý.

Toto se mu stalo za plného zdraví v průběhu několika hodin. Jeho rodina jej přinesla do modlitebny v době, kdy začínala večerní část probuzeneckého setkání. Báli se, že když mi o tom řeknou, naruší program celého večera. Čekali proto na konec večerní části, a až potom mi řekli, co se stalo.

V té době již ochrnulo celé tělo pastora Lee. Jeho svaly několikrát zachvátila křeč a poté upadl do úplného bezvědomí.

Kolem jedenácté hodiny noční jsem se o tom dozvěděl a spěchal jsem ven. Pastor Jaeho Lee ležel v autě a vypadal jako mrtvý. Měl rozšířené zorničky a jeho tělo bylo úplně studené a ztuhlé. Jeho rodina však měla víru, že se mi podaří jej oživit,

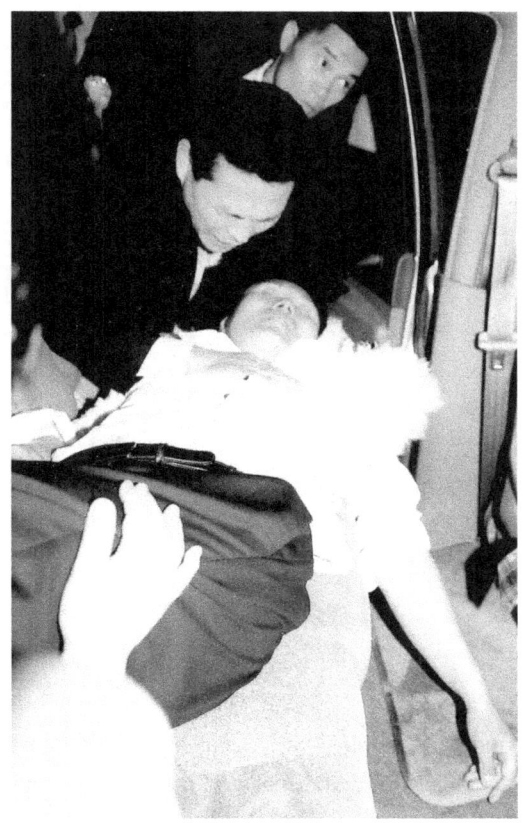

Pastor Lazarus Jaeho Lee přijímá modlitbu v bezvědomí.

pokud na něj vložím své ruce.

Když jsem se modlil k Bohu s vírou v to, že on dokáže oživit i mrtvého, Bůh ihned odpověděl a s pastorem se začalo něco dít. Jakmile jsem dokončil modlitbu, jeho tělo se uvolnilo a vrátilo se mu vědomí. Za dalších pět minut se dokázal sám postavit. Pastor

Misionářská služba v Latinské Americe (konferenční hala města Cuzco v Peru).

Jaeho Lee změnil své jméno na 'Lazar' Lee a prohlašuje, že dostal jeden život navíc. Dnes působí jako misionář v Latinské Americe.

Přednášky o Genesis a o zázracích

Bůh mi objasnil knihu Genesis. 1. prosince 2000 jsem zahájil sérii přednášek o této knize. Bylo to na páteční celonoční bohoslužbě. Série běžela po dobu šesti let. Jelikož je to Bůh, kdo stvořil vesmír, jen on je schopen vysvětlit i to, co se stalo dříve, než začal čas.

Ani s dnešní pokročilou vědou a nejmodernějšími poznatky nedokážeme objasnit to, co se dělo před začátkem času. Pochopíme to jen tehdy, když nám to ozřejmí Bůh.

Jak ale můžeme věřit, že toto Boží vysvětlení je pravdivé? Bůh začal objasňovat knihu Genesis poté, co předvedl v naší církvi mnoho mocných skutků podobným těm, které jsou zaznamenány v Bibli.

Ježíš řekl: *"Neuvidíte-li zázraky a znamení, neuvěříte"* (Jan 4:48). Jak jsem řekl, dnes lidé obvykle nevěří, a to navzdory důkazům, a proto velmi potřebujeme vidět skutky živého Boha.

5. dubna 2001 uspořádala Ženská misie naší církve malou konferenci pro vedoucí skupinek. Její součástí byl speciální program nazvaný 'Pozorování oblohy'. Připravoval se již od ledna téhož roku.

Jelikož Bůh nám často předváděl zázraky zahrnující hvězdy a komety, plánovaly ženy pozorování oblohy. Modlil jsem se za úspěch této události.

"Bože, během konference budou účastníci pozorovat oblohu. Ukaž nám prosím zázrak."

Boží odpověď byla: *"Ukážu vám panoráma různých oblaků."*

Přijal jsem Boží odpověď a oznámil jsem ji členům před páteční celonoční bohoslužbou 30. března a během nedělní bohoslužby.

"Bůh nám během pozorování oblohy ukáže velké panoráma oblaků nejrůznějších tvarů."

Jelikož tato událost byla plánována tolik měsíců dopředu, nemohli jsme tušit, jaké počasí toho dne bude. Nemohli jsme vědět, zda bude nebe plné tmavých mraků nebo zda bude pršet. Ale já jsem se za to s odvahou modlil, protože Bůh mi již odpověděl.

V osm hodin ráno se na nebi objevila jasná duha ve tvaru kruhu. Ráno jsme měli konferenci v tělocvičně. Pozorování oblohy bylo naplánováno na 15 hodin odpoledne téhož dne. Místo se naplnilo tisícovkami věřících, kteří přišli z celé země. Když jsem vyšel ven plný očekávání, co se bude dít, viděl jsem jasnou oblohu bez jediného mráčku.

Zatímco akce začínala, modlil jsem se za to, aby přišly mraky. Měli jsme úvodní ceremoniál a věřící pochodovali po prostranství před modlitebnou. V tom okamžiku začaly zpoza slunce proudit mraky ve tvaru beránků a pomalu začaly pokrývat oblohu. Šly směrem od západu na východ.

Neznamená to, že se mraky, které už na nebi byly, začaly hýbat, ale že se brána nebes otevřela a mraky vyšly. Tyto mraky ve tvaru beránků pokryly oblohu, a potom zase zmizely. Zůstaly mraky ve tvaru písmene 'V', což je symbol vítězství. Vytvořily se i mraky ve tvaru proroků, a potom zmizely.

Když husté mraky pokryly oblohu a přikryly slunce, slunce vypadalo trochu jako měsíc. Brzy nastala tma, jako by byl pozdní večer. Bůh nám ukázal, jak vedl lid Izraele během exodu pouští.

Těmito zázraky, které změnily podmínky na obloze, nám Bůh dal na srozuměnou, že 'okno' nebo 'brána' do nebes je otevřená. Bylo to velmi překrásné panoráma oblak vytvořené Bohem, které trvalo hodinu a půl. Bylo to prostě fantastické.

Kampaň uzdravování prostřednictvím šátku v Indonésii

Od 19. do 29. dubna 2001 jsme vyslali naše pomocné pastory a misionářský tým na šátkovou kampaň do čtyř měst indonéské provincie Iryan Jaya.

"Oni pak vyšli, všude kázali; a Pán s nimi působil a jejich slovo potvrzoval znameními" (Marek 16:20).

Misijní tým pořádal kampaně a používal šátek, na kterém jsem se modlil. Kdykoliv mne lidé žádají, abych se modlil na šátcích, modlím se takto: "Bože, naplň tento šátek mocí stvoření, aby se umírající uzdravili a mrtví ožili, kdykoliv se pomodlí s vírou." Když se lidé modlili s těmito šátky s vírou, konaly se mocné skutky Ducha svatého.

Bůh je na každém setkání doprovázel planoucími skutky Ducha svatého. Když misijní tým kázal slovo a modlil se s šátky, zlí duchové odcházeli. Děti, které nemohly odmalička chodit,

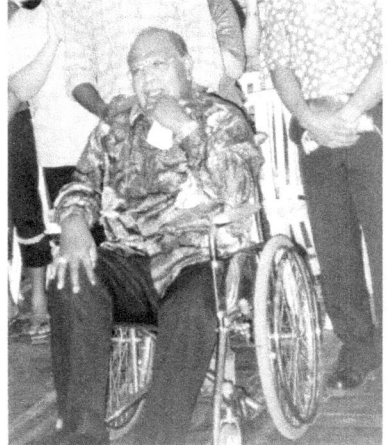

Jacob Patipi vstal z invalidního vozíku a začal chodit díky modlitbě prostřednictvím šátku.

najednou chodit začaly a hluší začali slyšet. Dělo se mnoho znamení. Místní tisk tomu věnoval také velkou pozornost. Jedno místní rádio náš tým dokonce pozvalo do živého vysílání.

Guvernér provincie vstal z invalidního vozíku

Někdejšímu guvernérovi provincie Iryan Jaya v Indonésii, panu Jacobu Patipimu, bylo v té době 65 let. V roce 1996 utrpěl v důsledku vysokého tlaku infarkt a upadl. Výsledkem byla částečná obrna. Kampaně se zúčastnil na invalidním vozíku. Mohl stěží chodit, a to s pomocí čtyř jiných lidí. Kromě toho špatně mluvil a slyšel.

Když se však za něj jeden z našich pomocných pastorů pomodlil a přitom na něj položil šátek, vstal z invalidního vozíku a začal chodit. Kromě toho dobře slyšel a mluvil. Když kampaň skončila, dostali jsme od provincie Iryan Jaya děkovný dopis za to, že pan Jacob Patipi znovu žije normální život.

Dílo Ducha svatého otřásá parkem Uhuru

V červnu 2001 jsme pořádali kampaň v Keni, která je bránou do východní Afriky. Moc stvoření, která se projevovala během kampaně v Pákistánu, byla znát i zde. Před začátkem kampaně jsme v Mezinárodním konferenčním centru Kenyatta v Nairobi pořádali konferenci pro pastory.

Vysvětloval jsem na ní, že Bůh existoval dříve, než začal čas. Rovněž jsem objasnil Luciferovu vzpouru, zahradu Eden a duchovní svět. Posluchači dávali veliký pozor a bylo vidět, že dychtí po slovu života. Někteří z nich dokonce ani nešli na oběd, aby jim nikdo nezasedl místo.

Dalšího dne přišlo asi 8 000 lidí, tedy o 2 000 více než první den. Důvodem bylo, že někteří pastoři zpočátku nespolupracovali, protože se k nim donesly smyšlené pomluvy, ale mnozí nakonec druhý den přišli. Několik zdejších korejských misionářů poslalo církvím a tisku podvržené dokumenty s cílem

Keňská sjednocená kampaň (park Uhuru).

kampaň zastavit.

Velká kampaň se konala od 29. června do 1. července v parku Uhuru. Ti, kdo stáli na pódiu, se dívali přímo do slunce. Nebylo jednoduché v takových podmínkách mluvit.

Ale Bůh opět zasáhl. Když jsem se postavil na pódium za kazatelnu, abych přednesl své slovo, objevily se mraky a začaly zakrývat slunce. Díky tomu jsem mohl mluvit bez potíží.

Lidé žasli nad tím, že se totéž opakovalo následující tři dny. I místní řidič, který mi byl přidělen, byl velmi překvapen.

Od prvního dne kampaně bylo pódium plné lidí, kteří se chtěli s ostatními podělit o zprávu o svém uzdravení skrze modlitbu. Park Uhuru každý den naplnilo přes sto tisíc lidí.

Bylo tam i dítě, které mělo jednu nohu kratší než druhou a špatně se mu chodilo. Bylo uzdraveno a začalo poskakovat. Mnozí lidé se zbavili AIDS a různých jiných nemocí. Jejich štěstí mne hluboce naplňovalo a cítil jsem se šťastný a spokojený.

Dalšího dne jsme měli pracovní oběd s místními členy organizačního výboru. Mnoho biskupů bylo překvapeno projevy Boží moci a ptali se mne, jak by takovou moc mohli od Boha dostat.

Ozývaly se různé komentáře jako:

"Bylo to poprvé, co jsem viděl tolik uzdravených lidí najednou. Bylo to o to úžasnější, že jste se nemodlil za každého

Chromá žena začala chodit.

zvlášť."

"Připadal jsem si jako svědek některého z biblických výjevů před dvěma tisíci lety."

"Nikdy jsem nedokázal věřit Bibli na sto procent, ale tato kampaň mne plně přesvědčila o tom, že Bible je pravdivá."

Všichni Boží služebníci touží projevovat Boží moc, jako to dělal Ježíš, když své slovo následně potvrzoval znameními. Ale nebylo snadné jim to vysvětlit v několika větách.

Při letu zpátky do Koreje jsem z okénka viděl rovné duhy i duhy ve tvaru kruhu.

Oživení mrtvých kořínků vlasů

V roce 2001 měl bratr Heehoon Park na hlavně hustou kštici, ale když byl v 7. třídě, začal trpět sklony k plešatění, jejichž příčina nebyla známá. Pomalu ztrácel vlasy a na střední škole jich na hlavě měl jenom pár. Vypadalo to tak tristně, že si raději hlavu oholil úplně.

Lékaři řekli, že je to vzácný případ ztráty vlasů. Příčinou podle nich nebylo, že jeho kořínky vlasů byly slabé, ale že odumřely. Léčit se to nedalo.

Žádné léky nezabíraly. Mladík bral i nějaké bylinné extrakty, ale ani ty nefungovaly. Vyzkoušel i mnoho lidových pověr i velmi drahé léky, ale nic.

Před maturitou začal chodit do naší církve. V roce 1998 se zúčastnil Speciálního dvoutýdenního probuzeneckého setkání a jeho vlasy začaly znovu růst. Protože jsme měli sladkou vodu z Muanu, kropili jsme mu touto vodou hlavu.

V roce 2001 nebylo po plešatosti ani známky. Boží milost oživila mrtvé kořínky vlasů a chlapcovy vlasy byly nyní naprosto zdravé.

Počátek nejvyšší moci stvoření

Filipíny jsou převážně katolické a skoro všichni mají doma sošku panny Marie. Zdejší lidi zde můžete často vidět, jak pannu Marii žádají o požehnání. V září 2001 předvedl Bůh během filipínské kampaně nejvyšší moc stvoření, nejvyšší stádium své moci.

Když jsem se modlil za filipínskou kampaň, Bůh mi řekl, že tuto kampaň využije k poslednímu varování všech římských katolíků z celého světa. Znamená to, že už se je v minulosti snažil duchovně probudit.

Jednou jsem slyšel, že socha panny Marie ronila krvavé slzy. Samotní římští katolíci však nepochopili, co jim tímto Bůh chce říct.

Marie, Boží nástroj

Panna Marie je osoba z masa a kostí jako ostatní lidé. Když však Ježíš přišel na svět v lidské podobě, byla to právě ona, kterou si Bůh použil k tomu, aby jej porodila. Přesto nemůže být Marie Ježíšovou matkou.

Protože byl Ježíš počat z Ducha svatého, při jeho početí se Mariino vajíčko nespojilo s Josefovou spermií. Jelikož Ježíš nevzešel z Mariina vajíčka, nemůže být Marie jeho matkou. Protože Ježíš nevzešel z Josefovy spermie, nemůže být Josef Ježíšův otec. Z tohoto důvodu v Bibli Ježíš nikdy nenazývá Marii 'matko'.

"Ženo, hle, tvůj syn!" (Jan 19:26)

Tuto větu zaznamenal apoštol Jan, když stál poblíž Ježíše trpícího na kříži. Ježíš nenazval Marii 'matko'nýbrž 'ženo'. 'Syn' se zde vztahuje na apoštola Jana.

V Janovi 2:4 říká Ježíš Marii: *"Ženo, co to ode mne žádáš? Ještě nepřišla má hodina."* Ježíš používá oslovení "ženo", aby vyjádřil, že přišel na tuto zemi jako Spasitel.

Ježíš, náš Spasitel, je součástí trojjediného Boha a samotného Stvořitele, a proto nikdy nemůže mít matku. Proto Ježíš Marii nikdy nenazýval 'matko', nýbrž ji oslovoval 'ženo'.

Když římští katolíci dělají sošky panny Marie a uctívají je, je to proti desateru přikázání, kde se říká, že si nemáme vytvářet žádné modly ani jiná zpodobnění Boha, nemáme se jim klanět ani je uctívat.

Když panna Marie pozoruje z nebe, jak lidé z Ježíše dělají jen dítě po jejím boku a uctívají ji, která je pouhou pozemskou bytostí, jak by pak neměla zlomené srdce a neprolévala krvavé slzy?

Tajfuny polevují

Filipíny postihují každoročně od června do října tajfuny a mnohokrát za den prší. Prudký déšť omezuje dopravu. Na mezinárodní letiště v Manile jsme dorazili 24. září 2001 kolem 23. hodiny. Kvůli tajfunům byl silný vítr a pršelo.

Okamžitě po příjezdu jsme v hotelu v Manile měli tiskovou konferenci. Novináře nejvíce zajímal směr tajfunů a dopady teroristických útoků 11. září.

"Jsme pod vlivem tajfunu a další nás brzy čeká. Budete moci uspořádat kampaň pod širým nebem? Neočekáváte problémy v souvislosti s teroristickým útokem 11. září?"

Informoval jsem je: "Od tohoto okamžiku nebude pršet a tajfuny brzy také zmizí. Bůh je s námi, a proto během této doby nedojde k žádným ozbrojeným útokům. Prosím, nedělejte si starosti."

Řekl jsem jim to odvážně, protože jsem věděl, že Bůh je vždy s námi a že jsme nikdy neměli problémy s počasím, když jsme pořádali akce pod širým nebem. Novináři se tvářili nedůvěřivě. Ale Bůh splnil přesně to, co jsem řekl.

Tajfun s rychlostí větru 130 km/h se v rozporu s předpovědí počasí náhle obrátil a směřoval k Thajsku. Další tajfun se zastavil a zeslábl, jako by narazil do silné zdi a polevil.

Léto na Filipínách je obvykle velmi horké s vysokou vlhkostí vzduchu. Ale když jsme tam byli my, bylo jasno a vanul chladivý vánek. Místní pastoři byli velmi šťastní a říkali, že když vidí povětrnostní podmínky, jsou si jistí, že Bůh je s nimi.

Cítíme sílu nejvyšší moci stvoření

26. září 2001 jsme měli konferenci pro pastory s přibližně 5 000 účastníky. Konala se v mezinárodním konferenčním centru v Manile.

27. září ráno probíhala ještě konference pro pastory a odpoledne se odehrávala první část kampaně v parku Luneta v Manile. Uzdravilo se tam mnoho lidí.

Jedním z nich byl basketbalista Gilbert Ondinal. Gilberta postihl při basketbalu velký úraz. Jeho stehenní kost se zlomila a přetočila. Aby byl schopen chodit, museli by mu provést chirurgickou operaci a dát do dvou kostí kovové pláty.

Operaci si však nemohl dovolit. Rok trpěl a chodil o berlích. Když si však na konferenci pro pastory vyslechl modlitbu, jeho tělo zachvátila horkost a bolest zmizela.

Po konferenci chtěl jít Gilbert do parku Luneta na kampaň, ale ujel mu autobus. Šel tedy o berlích. Poté zjistil, že bolest je pryč a že jeho nohy mají dřívější sílu. Odhodil berle a šel další 2 kilometry, které jej dělily od místa kampaně.

Bohu se líbila jeho touha po Boží milosti, a proto mu dal novou sílu, aby mohl jít.

Později si Gilbert zašel do nemocnice, kde mu potvrdili, že jeho zlomené kosti se zcela uzdravily a jeho stav je opět v normálu. Později nám napsal, že už zase hraje basketbal.

V parku Luneta

Díky chválám a uctívání Boha na prvním setkání v první den kampaně se začaly projevovat mocné skutky Ducha svatého. Lidé, kteří přišli o berlích, vstali a chodili. Někteří z nich dosvědčili, že byli uzdraveni v okamžiku, kdy vešli na místo konání kampaně. Jiní se uzdravili, zatímco poslouchali mé slovo. Byl tam i člověk, který zaslechl chvály, když procházel kolem, a tak se k nám připojil. Už deset let byl slepý, ale nyní se mu zrak vrátil.

Poté, co jsem ukončil své slovo, jsem se pomodlil za nemocné. Znenadání ke mně několik lidí neslo muže, který byl tuhý jako kus dřeva.

Měl srdeční potíže a náhle padl jako podťatý. Jeho tělo bylo tuhé a jeho zorničky naznačovaly, že je mrtvý.

Lekl jsem se, že pokud ten člověk tady zemře, mohlo by to být pro Boha nepříznivé. Rychle jsem sešel z pódia a modlil jsem se ve jménu Ježíše Krista. Ruce jsem měl položené na tom muži. V okamžiku, kdy jsem skončil svou modlitbu, přišel k sobě a postavil se.

Bůh působil svou nejvyšší mocí stvoření. Byl jsem Bohu vděčný za jeho milost a za to, že projevil skutek tak veliké moci. Když jsem se vrátil do hotelu, plakal jsem. Velmi jsem se před Bohem styděl za to, že jsem jeho vůli nekonal lépe.

Proroctví o dění ve světě

Brzy po založení církve v roce 1982 mi Bůh sdělil, že svět bude mít tři hlavní velmoci: Spojené státy, sjednocenou Čínu s Ruskem a konečně EU (Evropskou Unii).

Také mi řekl, že Spojené státy budou upadat do izolace a že jejich moc oslábne. Vysvětlil mi, že i dřívější spojenci USA se k nim otočí zády a budou sledovat své vlastní cíle.

Když byly Spojené státy založeny, měly víru a Bůh jim žehnal k tomu, aby se staly nejsilnějším národem na světě. Dnes se však mnozí Američané Bohu vyhýbají.

Bůh vysvětlil, že Čína se spojí s Ruskem. Budou mít společné vojenské síly a budou neustále sílit. Země, které kdysi poslouchaly USA, se obrátí k Číně.

Dnes vskutku vidíme, že se mnohé latinskoamerické a africké země odvracejí od USA k Číně, s níž mají vyjednány lepší podmínky. O těchto změnách jsem mluvil ještě dříve, než se Čína

Návštěva v Dubaji.

začala výrazně prosazovat v mezinárodním dění. Členové církve tehdy byli poněkud zaraženi a neodpověděli obvyklým 'Amen'.

Těžko se tomu věřilo vzhledem k realitě té doby. Bůh mi rovněž řekl, že světová ekonomika se propadne, že ceny ropy vyletí vzhůru a že se země Blízkého východu sjednotí a začnou ropu používat jako zbraň proti ostatním zemím.

V červnu 2001 mi Bůh řekl, že svět se nyní nachází v éře neomezené konkurence. Znamenalo to, že bez ohledu na politicko-ekonomické systémy, ať jde o demokratický nebo komunistický stát, se národy buď sjednotí, nebo se k sobě postaví zády a budou dbát jen na svůj vlastní prospěch.

V minulosti trvaly politické aliance dlouho, ale to už je pryč. Příčinou je to, že svět spěje ke svému konci.

Začalo to útokem 11. září

Většinu křesťanů zajímá doba Pánova druhého příchodu. Když se učedníci ptali Ježíše na znamení konce dnů ve 24. kapitole Matoušova evangelia, Ježíš jim odpověděl takto:

"Budete slyšet válečný ryk a zvěsti o válkách; hleďte, abyste se nelekali. Musí to být, ale to ještě není konec. Povstane národ proti národu a království proti království, bude hlad a zemětřesení na mnoha místech. Ale to vše bude teprve začátek bolestí" (Matouš 24:6-8).

21. října 2001 jsem měl slovo na téma "Jaká budou znamení konce věků?" Následuje stručný výtah:

"Jak víte, 11. září celým světem otřásla velká tragédie. Byl to teroristický útok na srdce USA. Spojené státy přísahaly pomstu a vypukla válka. Nyní je celý svět v napětí.

Je to varování, které nám má oznámit začátek konce věků. Je to i příčina, která později vyústí v třetí světovou válku, kterou Bůh dopustí. To, že ji Bůh dopustí, samozřejmě v žádném případě neznamená, že Bůh je příčinou válčení.

Znamená to, že Bůh ji nezastaví, protože se bude dít kvůli zlu, které posedlo lidi. Počínaje teroristickým útokem 11. 9. nám Bůh říká, že se budou dít katastrofy spojené s koncem věků.

Spojené státy získaly po teroristickém útoku sympatie z celého světa a jejich spojenci přislíbili větší spolupráci, ale s postupem války se blízkovýchodní země spojí i evropské země se spojí, aby se postavily proti USA. Bude z toho nakonec bitva křesťanství proti islámu."

Můžeme říci, že tento teroristický útok zavdal příčinu k třetí světové válce. Každoročně jsme svědky hladomorů a zemětřesení.

Když zemřou tisíce lidí při takové tragédii, neříkáme, že je to začátek konce věků. Tento bezprecedentní akt terorismu proti Spojeným státům však otřásl celým světem. O takové události můžeme říci, že je to počátek katastrof a pohrom.

Nechovám žádnou osobní zášť vůči USA a nikoho nechci urazit. Je mi velmi líto, že se něco takového stalo. Jen se snažím vysvětlit situaci z Božího pohledu, aby se z toho americký národ poučil. Bůh mi řekl toto:

Kdyby je Bůh chránil, nic takového by se nemohlo stát. Na rozdíl od počátečních let svého vzniku jako národa, změnily Spojené státy svou víru. Některé církve dokonce vysvěcují homosexuální pastory.

Když se stane taková pohroma, měli by se Američané, pokud mají věrné srdce, zamyslet a ohlédnout se zpět, aby pochopili, proč je Bůh nechránil a měli by se kát ze svých špatných skutků.

Když Bůh uvalil trest na lid města Ninive, král a jeho lid se postili a káli. Stejným způsobem by se před Bohem měli pokorně kát i Američané počínaje prezidentem. Měli by usilovat o mír se všemi prostřednictvím odpuštění a usmíření.

USA jsou však pyšné na svůj status nejmocnějšího národa země, a tak si myslely, že se mohou pomstít za to, co se stalo, svou vlastní silou. Snažily se vynutit si ʻoko za oko a zub za zub'. To vedlo k mnoha obtížím.

Jelikož USA trvají na pomstě silou, množí se politické i ekonomické obtíže. Ekonomika Spojených států zakolísá a celý svět bude mít ekonomické problémy.

Země Blízkého východu se sjednotí a společně se USA postaví. Udělají si z ropy zbraň a budou ovládat celou světovou ekonomiku. Mnoho zemí se bude bát terorismu a rozhodnou se, že spolupráce s USA se jim už nevyplatí. Začnou se od USA odvracet."

"Válka má po celém světě mnoho příčin. Jen na Blízkém východě je spousta zemí, které jsou vůči USA naladěny nepřátelsky – Írán, Irák, Sýrie a další. Celým světem otřásají teroristické útoky.

Existuje důvod, proč se válčení, které bude jednou z příčin konce věků, odehraje v Afghánistánu. Kdyby válka vypukla na Blízkém východě v místě častých konfliktů, mohla by rychle přerůst v třetí světovou válku, která by brzy zasáhla celý svět.

Ale, jak Ježíš řekl, tyto věci nastanou, ale nebude to ještě konec. Nebude to konec, ale začátek katastrof a pohrom, které se rozvinou v plném rozsahu. Je to rovněž vznik příčiny třetí světové války a právě z tohoto důvodu byl zvolen Afghánistán.

Tento konec nastane, když už budeme uchváceni v oblacích vzhůru. A toto je událost, která přináší příčinu konce. Tento incident rozšířil semena války, která zachvátí všechny země Blízkého východu."

"A co se stane s Koreou? Když dospějeme do momentu, kdy Korea nebude mít ze vztahu s USA žádný

prospěch, přikloníme se k někomu jinému. Protože nastane ekonomický chaos včetně ropného šoku, naše ekonomika bude mít samozřejmě také problémy.

Bůh má však v úmyslu dokázat prostřednictvím naší země během posledních dnů něco velkého, bude nás před utrpením do jisté míry chránit.

Cesta bude otevřena skrze naši církev. Bůh nám umožnil uspořádat kampaň v Ugandě, Pákistánu, Keni a zemích kolem Blízkého východu.

Mnohokrát nám řekl, že pochopíme, proč nás poslal do těchto zemí. Řekl nám, že zprávy o mně a o naší církvi již byly rozšířeny mezi úřady a představiteli těchto islámských zemí."

Kapitola 6

Pouze ve jménu Ježíše Krista

I s rozedranýma rukama

Před pátečními celonočními bohoslužbami začínají členové naší církve přicházet do mého domu už v 15 hodin odpoledne. Moje setkání s nimi začíná o hodinu později. Ačkoliv nemáme moc času, poradí se se mnou a já jim dávám rady, modlím se za ně a potřeseme si rukama. Obvykle končíme kolem 18 hodiny.

Potom jdu do modlitebny a zahajuji další schůzku s členy církve. Když ve 23 hodin začíná bohoslužba, cítím, že ztrácím energii, ale Bůh mi pomáhá vydržet, abych byl schopen přednést mocné slovo.

I v neděli brzy ráno za mnou členové chodí. Ze soucitu, který cítím, když vím, že na mě čekají, je chodím i takto brzy ráno pozdravit. Schůzky začínají v 5 hodin ráno. Poslouchám jejich problémy a modlím se za ně. To trvá asi 3 hodiny a potom jdu do modlitebny.

Od páteční celonoční bohoslužby do nedělní bohoslužby si potřásám rukou s tisícovkami členů. Potom jsou mé ruce poškrábané, odřené a dokonce mi z nich teče krev. I když mívám každý týden odřené a poškrábané ruce, mám důvod, abych v setkávání s těmito lidmi nepřestal.

Je to Boží milost, že členové, od malých dětí po starší církve, milují svého pastýře a chtějí se s ním setkat a pozdravit ho. Modlím se za ně a potřásám jim rukama, aby na ně sestoupila Boží moc a oni dostali odpověď na své modlitby.

Když vidím členy, jak se radují, protože se uzdravili z vážných nemocí nebo protože se jim dostalo odpovědí na jejich modlitby prostřednictvím potřesení si ruky se mnou a vzdávají slávu Bohu, cítím se odměněn a dostávám novou sílu.

Co by dělal Ježíš? Modlím se za každého vší silou a kladu ruce na každé miminko a každé dítě, aniž bych kohokoliv opomenul.

K cíli

Začátkem roku 2002 mi Bůh dal nový cíl. Tímto cílem byla dokonalost 'nejvyšší moci stvoření'. Nejvyšší moc stvoření je původní Boží moc, kterou Bůh stvořil nebesa a zemi pouhým slovem. Na jeho rozkaz například slepí prohlédnou, hluší začnou slyšet a chromí začnou chodit.

Jak je napsáno v Bibli, věci mohou být stvořeny z ničeho pouhým vyslovením slova. Nejvyšší mocí stvoření může vzniknout armáda ze suchých kostí. Tato moc může otevřít ústa osla, aby promluvil. Když se tato moc stvoření projevuje bez jakýchkoliv překážek, můžeme říci, že je dokonalá. Nejvyšší moc stvoření může mít kontrolu nejen nad fyzickým světem, ale i nad neviditelným duchovním světem.

Bůh mi řekl, že abych dosáhl nejvyšší moci stvoření, musel jsem projít třemi zkouškami, jako jimi musel projít Ježíš. Ježíš je Božím Synem, ale aby se stal Spasitelem, narodil se jako člověk. Proto se musel podrobit zkouškám jako lidé. To je také způsob, kterým projevuje Bůh svoji autoritu slovem jak ve fyzickém, tak v duchovním světě.

Ježíš měl vždy nejvyšší moc stvoření, ale začal ji projevovat až poté, co se podrobil třem zkouškám. Proměnil vodu ve víno na svatební hostině. Nakrmil pět tisíc lidí pěti bochníky chleba a dvěma rybami. Svým slovem utišil vítr a moře. Všechny ty věci byly skutky stvoření. Když rozkázal svým slovem, chromý začal chodit a malomocný byl očištěn.

On také řekl, že může přivést na zem více než dvanáct legií andělů (Matouš 26:53). Protože však chtěl následovat přirozený řád a naplnit spravedlnost a Otcovu vůli, neudělal to, ačkoliv měl autoritu a moc vládnout nad duchovním i fyzickým světem.

V únoru 2002 jsem se vydal na druhou sérii modliteb na modlitební hoře. Během modliteb mi Bůh dal vědět, že zkoušky, kterými jsem prošel od doby, co jsem se stal Božím služebníkem, sloužily k tomu, abych mohl dostat nejvyšší moc stvoření. Také mi ukázal zajímavou alegorii.

V ní jsem velel lodi jménem 'Manmin', když na nás Bůh seslal silný tajfun. Připomínám, že v letech 1998 a 1999 Bůh otřásl naší církví pomocí tří zkoušek. Někteří lidé vyskočili z lodě a spadli do moře. Jiní váhali a uvažovali, zda mají vyskočit. Další se drželi zábradlí a provazů a snažili se nespadnout.

Byli zde i lidé, kteří vešli do kabin a pohodlně spali, ačkoliv se loď otřásala. Bůh tyto lidi chválil.

V duchovním slova smyslu jsem byl kapitánem lodi 'Manmin'. Ti, kteří váhali, zda mají vyskočit, byli rozpolcení, protože je pokoušel satan. Samozřejmě s nimi Bůh měl smilování a spasil je.

Ti, kteří spali v kabinách, tak učinili proto, že kapitánovi naprosto důvěřovali. Rozumím tomu tak, že jsou to lidé, kteří duchovně vyrostli a stali se bojovníky víry. Těm se dostalo mnoha požehnání.

Pomocí těch tří zkoušek mohli členové církve přezkoumat svou víru. Bůh na nás seslal takové zkoušky, aby nás mohl zavést do nového Jeruzaléma a aby dovršil svou prozíravost v oblasti světové misie a stavby velkého chrámu.

Ve své prozíravosti dovolil Bůh satanovi zkoušet nás, ale my jsme s vírou zvítězili. Bůh na mě seslal mnoho zkoušek, které byly nesnesitelné. Ale když jsem v nich obstál, Bůh mi dal ještě více moci. A nakonec mi svěřil nejvyšší moc stvoření. Nebylo už nic, z čeho by mne nepřítel satan mohl obvinit. Bůh na mne tyto zkoušky seslal, protože to měl být konec všech zkoušek.

Potřesení rukou uzdravuje rakovinu nosu

V lednu 2002 jsem dostal dopis od diákonky Hoim Choo. Obsahoval následující:

"V prosinci 2001 bydlela moje tchyně v Mokpo a náhle jí začal krvácet nos. Šla do nemocnice nacházející se poblíž, kde jí řekli, aby šla do velké nemocnice v Soulu. V Soulu si nechala udělat diagnózu hned ve dvou nemocnicích. Byla to rakovina nosu.

Byla už v relativně pokročilém stádiu. Lékaři navrhovali operaci a chtěli nahradit nosní kost umělou. Tchyně krvácela už více než 15 dnů a nosila na nose gázu.

Dva dny po diagnóze jsem šla na páteční celonoční bohoslužbu. Na konci bohoslužby jsem si napsala na dlaň název tchyniny nemoci. A když jste šel kolem nás, potřásla jsem si s Vámi rukou, pastore. Upřímně jsem toužila po tom, aby Bůh projevil svoji moc prostřednictvím Vás. V sobotu ráno, když jsem se vrátila z celonoční bohoslužby, byla doma jedna z mých venkovských příbuzných.

Řekla jsem jí: 'Napsala jsem si na dlaň název tchyniny nemoci a potřásla jsem si rukou s pastorem Lee, takže Bůh ji uzdraví.'
Vyznala jsem svou víru, že ji Bůh uzdraví. V sobotu ráno kolem 7:30 jsem zavolala tchyni. Věděla jsem, že už se stal zázrak.
Tchyně řekla: 'Hoim, vzbudila jsem se a krvácení nikde!'

Myslela jsem, že přestalo jen krvácení. Nevěděla jsem, že její rakovina byla zcela uzdravena. 2. ledna 2002 jsem ji dovezla do nemocnice na operaci.
Těsně před operací proběhlo poslední vyšetření. Lékař řekl: 'To je divné, nemáte žádnou rakovinu.' Rakovina zmizela! Tchyně byla okamžitě propuštěna z nemocnice.
S vírou jsem si potřásla rukou s pastorem za svou tchyni, která neměla moc víry, a Bůh ji uzdravil. Když můj manžel přijal modlitbu za nemocné na novoroční bohoslužbě, byl uzdraven z průjmu, jímž trpěl už dva měsíce. Byl tak šťastný a teď to vypráví všem lidem kolem sebe."

Tchýně diákonky Hoim Choo nyní chodí do naší církve a těší se plnému zdraví. Nejvyšší moc stvoření není nejen schopna uzdravit nemoci dotekem nebo modlitbou nad pacientovou fotografií, ale dokáže i změnit počasí.

Uzdraven z rakoviny pomocí modlitby s šátkem

Soonchang Shim bydlí v Hampyeongu v provinci Cheonnam. V dubnu 2002 dostal závrať a začal špatně chodit. Měl velké bolesti a v moči měl krvavé sraženiny.

V nemocnici mu řekli, že má pokročilou rakovinu močového měchýře. Lékař řekl, že se rakovina pravděpodobně rozšíří do plic a navrhl mu operaci v dobré nemocnici v Soulu. Byl hospitalizován v Ženské univerzitní nemoci Ehwa. Na prosbu diákonky Soollay Shim, která chodila do naší církve, ho v nemocnici navštívil jeden z našich pastorů.

Pastor vysvětlil pacientovi, že může být uzdraven prostřednictvím víry, pokud se bude kát za svůj život vzdálený od Boha a pokud se bude držet Božího slova. Pastor se za něj také modlil s šátkem.

Šátek, který pastor použil, byl šátek, na kterém on sám přijal mou modlitbu. Když se lidé modlí s vírou s těmito šátky, Bůh projevuje plamenné skutky Ducha svatého.

Potom, co tento pacient přijal modlitbu, nemohl spát kvůli veliké bolesti. Ve 4 hodiny ráno se vymočil a něco, co mu intenzivně tlačilo na žaludek, vyšlo z jeho těla.

Byla to rakovina. Od té chvíle už neměl bolesti, když močil a moč byla rovněž čistá. Příštího dne šel na předoperační vyšetření, kde zjistili, že je naprosto zdráv. Okamžitě jej pustili domů.

Ani operace by jej úplně neuzdravila, protože rakovina již byla rozšířená po celém těle. Ale pomocí modlitby s šátkem zakusil Boží působení a znovu nabyl zdraví.

Každý týden dostáváme nejen z Koreje, ale z celého světa svědectví těch, jež byli uzdraveni pomocí modlitby s šátkem, na kterém jsem se modlil. Mohu za to jen děkovat Bohu a vzdávat mu slávu.

Upřímný pláč

Každoroční Speciální dvoutýdenní probuzenecké setkání bylo nebeskou hostinou, na které se děly mimořádně mocné Boží skutky. Setkání, které se konalo od 6. do 16. května 2002, mělo podtitul 'Moc'.

Když jsem se modlil za úspěch setkání, Bůh mi dal vědět, že v pondělí druhého týdne se soustředí na uzdravování špatného zraku; v úterý na postižené včetně těch, kteří nechodí; a ve středu na hluché a němé. Také mi řekl, že bude uzdraveno mnoho lidí.

V neděli 5. května dopoledne zářila nad modlitebnou duha ve tvaru kruhu. Na základě toho jsem očekával, že Bůh projeví svou moc během setkání ještě velkolepěji.

A to se také stalo. Bůh projevoval skutky stvoření nad mé očekávání. Slepí znovu prohlédli, němí promluvili a bylo uzdraveno mnoho nemocí. Bylo to jako v Bibli.

Jak jsem byl rád, že se lidé uzdravili pomocí mé naléhavé

modlitby! Kdykoliv jsem zavolal v modlitbě 'Pane!', volal jsem celou svou silou.

Mocnými a rychlými skutky Ducha svatého byly uzdraveny stovky lidí a záhy jimi byl zaplněn oltář. Lidé šli se svými svědectvími o zázracích, které se staly v jejich tělech, k nižšímu oltáři.

Jak Bůh slíbil, skrze paprsky uzdravujícího světla mohli mnozí lidé zahodit své brýle, jiní zase berle a byli i takoví, kteří vstali z invalidních vozíků.

Ti, jejichž duchovní zrak byl otevřen, viděli ohnivou kouli, která se rychle vytáčela z mé hrudi. Vycházela ven skrze mé paže s mocí Ducha svatého. Někteří viděli i anděly dotýkat se nemocných a ulevovat jejich ztuhlým tělům a kostem.

Na tomto probuzeneckém setkání se uzdravili obzvláště lidé se špatným zrakem. I slepým se vrátil zrak. Ti, kteří neviděli v důsledku šedého zákalu či cukrovky, rovněž prohlédli. Byli i takoví, kteří vstali z invalidních vozíků. Uzdraveni byli rovněž lidé s dětskou obrnou. Věřící, kteří se na ně dívali, se společně radovali a oslavovali Boha.

Rychlá a silná smršť Ducha svatého

Bůh nám dal svaté evangelium a moc stvoření, protože tvoří silnou duchovní zbraň, s níž můžeme dovršit světovou misii na tomto světě plném hříchů a temnoty. Kdekoliv jsme, se díky mimořádně mocným skutkům Ducha svatého mnoho lidí obrací k Pánu.

Kandidát už nechce být prezidentem

Honduras je převážně římskokatolická země. Jeho obyvatelé trpí chudobou a různými nemocemi.

Než jsem odjel do Hondurasu, informoval mě můj tým, který se připravoval na kampaň, že tam je špatná bezpečnostní situace. Řekli mi, že i civilisté nosí zbraně a že je to opravdu nebezpečné místo.

Také mi řekli, že kvůli horkému počasí lidé často umírají

v důsledku komářího bodnutí. Když jsem se modlil, Bůh mi odpověděl, že už obklopil město a místo, kde se bude konat kampaň, světlem své moci a že na tuto oblast dohlíží nebeská armáda a andělé. Nemusel jsem si tedy dělat starosti.

23. července 2002 jsem přijel na mezinárodní letiště San Pedrosula. Přivítalo nás okolo 1 700 místních lidí. Byl mezi nimi i člen kongresu, pan Esteban Handal. Ten hrál důležitou roli v organizaci kampaně v této zemi.

Pan Handal byl také prezidentský kandidát. Byl to známý politik, podnikatel i křesťanský publicista.

Od té doby, kdy se zúčastnil naší kampaně na Filipínách v roce 2001 a stal se přímým svědkem Boží moci, se jeho život změnil.

Zeptal se: "Pastore, mám se ucházet o prezidentský úřad nebo je lepší se soustředit pouze na Boží dílo?"

"Kdybych si měl vybrat já, doporučil bych vám soustředit se na Boží dílo."

Poté, co jsem mu dal svoji radu, přerušil svou politickou kariéru a rozhodl se kázat svaté evangelium po celém světě.

Nikdy nemůžeme uzavírat kompromisy s ostatními náboženstvími

Když jsem dorazil do hotelu, byli tam reportéři a tiskoví mluvčí sedmi televizních stanic a pěti rozhlasových stanic. První otázka byla, proč jsem si vybral Honduras.

"Důvod, proč mi Bůh řekl, abych šel do Hondurasu je, abych této zemi přinesl požehnání. Během kampaně uvidíte, že se uzdraví mnoho lidí."

Vysvětlil jsem to podrobněji.

"Budou to tisícovky lidí, nejen ti, kteří se dostaví osobně na místo kampaně, ale i ti, kteří se budou dívat na televizi a poslouchat kampaň v rádiu. Ti všichni budou uzdraveni."

Mohl jsem to tvrdit s takovou jistotou, protože Bůh vždy na každé kampani projevoval úžasná znamení a zázraky. Jelikož jsem hlásal takovou neuvěřitelnou věc na veřejném místě, všichni by mě mohli označit za lháře, kdyby se nestalo to, co jsem řekl.

Ale moje slova se skutečně naplnila. Dozvěděli jsme se od médií, která naši kampaň živě přenášela, že jim volá mnoho posluchačů a diváků. Údajně jim zavolalo přes tisíc lidí, kteří prohlásili, že se uzdravili, zatímco se v televizi dívali na přenos.

Druhá otázka, kterou reportéři položili, byla: "Římskokatolická církev a někteří protestanti se snaží spojit a nastolit usmíření mezi různými náboženstvími. Co si o tom myslíte?" Moje odpověď byla příkrá.

"Jediný Bůh je Bůh Stvořitel. Křesťanství nemůže nikdy uzavírat kompromisy s ostatními náboženstvími. Bůh nám v Desateru jasně sděluje, že On je jediný Bůh a že kromě něj žádný bůh neexistuje. Žádné jiné náboženství tedy není přípustné."

Reportéři vypadali překvapeně, že mluvím tak striktně v zemi jako je Honduras, kde se více než 90 % populace hlásí k římskokatolické církvi.

Příštího dne jsem narazil na noviny 'La Tiempo'. Na jedné stránce byla fotka papeže. Lidé jej podpírali, protože trpěl Parkinsonovou chorobou.

Ale na druhé stránce byla zpráva o naší kampani s mojí fotkou a titulkem, který s papežem kontrastoval: "Ježíš Kristus dnes uzdravuje. Slepí vidí, němí mluví a hluší slyší."

Horko ustupuje

26. a 27 července v dopoledních hodinách jsme měli konferenci pastorů v církvi Ebenezer. Bylo chladno.

Slyšel jsem, že se počasí náhle změnilo ode dne, kdy náš misijní tým přijel do Hondurasu. Předtím bylo více než 40 stupňů Celsia (104° F), ale ode dne našeho příchodu začal foukat chladný větřík a přes den mraky zakrývaly slunce, což bylo pro nás ještě příjemnější.

Než jsme odjeli do Hondurasu, Bůh mi několikrát řekl, že se o počasí postará a že já si nemám dělat starosti. Protože jsme nikdy neměli žádné potíže s událostmi pod širým nebem, opravdu jsem si starosti nedělal. Ale jelikož mi mnohokrát zdůraznil, že si nemám dělat starosti, cítil jsem, že se něco stane.

26. července v 19 hodin večer měla kampaň začít. Hodinu předtím však začalo pršet. Déšť zesiloval a nebylo možné použít ozvučovací techniku a mikrofony ani kampaň vysílat.

Stadión o kapacitě 60 000 osob byl již plný lidí. Slyšel jsem, že jestliže bude pršet, vrátí se místní lidé domů.

Ale potom vešel na pódium náš umělecký tým. Oblékli si krásné tradiční korejské šaty nazývané 'Hanbok' a zatančili nádherné korejské tance s vějíři.

Pódium klouzalo kvůli dešťové vodě, takže aby mohli chválit Boha tancem, zuli si boty. Publikum navzdory dešti zůstalo. Místní umělci také vystoupili na pódium a všichni společně chválili Boha tancem a pozvedáním rukou k nebi.

Já jsem čekal v místnosti a řekl jsem, že chci vystoupit v 18 hodin, ale organizátoři mě od toho odrazovali. Byl jsem si jistý, že přestane pršet, jakmile vystoupím na pódium. Ale organizátoři mě zastavili a říkali, že nechtějí, abych zmokl.

V 19 hodin už jsem prostě nemohl čekat a vešel jsem na jeviště, ačkoliv mi organizátoři říkali, že mám zůstat, kde jsem.

V tom okamžiku se silný déšť proměnil v mrholení. Zanedlouho ustalo i to. Objevila se jasná obloha a začal vát chladný větřík. Díky dešti a větříku těsně před kampaní zmizeli otravní komáři a můry.

Venku zůstali mnozí, kteří se nedostali na stadión

Po svém poselství jsem se modlil za nemocné. Výpovědi těch, kteří byli uzdraveni, pokračovaly do 22. hodiny noční. Byly uzdraveny nemoci jako AIDS, slepota, němota a různé jiné nemoci.

Mimořádné a plamenné skutky Ducha svatého se projevovaly skrze nejvyšší moc stvoření. Jestliže zde bylo tolik viditelných znamení, kolik lidí se uzdravilo z nemocí, které nebyly zjevné?

Druhého dne ještě před začátkem kampaně zaplnil dav nejen sedadla, ale i podlahu.

Foukal chladný větřík a dokonce ani kolem světel se neobjevovali žádní komáři a můry. Problém s komáry byl tak vážný, že mne místostarosta San Pedrosula požádal, abych se modlil za jeho vyřešení. Ale když byl Bůh s námi, škodlivý hmyz se nám vyhýbal.

"Pastore, přišlo více než 100 000 lidí včetně těch, kteří se nemohli dostat na stadión. Venku stojí desítky tisíc lidí."

Když se stadión zaplnil, přestala ochranka z bezpečnostních důvodu vpouštět další lidi. Bylo mi líto těch, kteří museli zůstat venku.

Po krátké modlitbě za nemocné hodně lidí vstalo z invalidních vozíků a začalo chodit. Mnozí lidé vyprávěli o tom, jak se uzdravili.

S ohněm Ducha svatého není nic nemožné

Případy uzdravení ověřovali pod vedením Dr. Joseho Samary lékaři z nemocnice Bethesda v San Pedrosule. Prohlíželi uzdravené pomocí rentgenu, magnetické rezonance a krevních testů.

Poté, co se stal přímým svědkem mocných Božích skutků, přiklonil se k Bohu i lékařský tým. Jeden z lékařů, Dr. Cruz Marin, představil výsledky své prohlídky na dvanáctiletém děvčeti jménem Maria Yesenia. Když mělo děvče dva roky, trpělo vysokými horečkami a přestalo vidět na pravé oko.

Dívka se podrobila transplantaci rohovky, ale nepomohlo to. Když jsme se však za ni pomodlili na kampani, vešla do jejího oka trocha světla a dívka dokázala rozlišovat různé předměty.

Dvanáctiletý chlapec Esteban Zuninga se nakazil virem HIV, když mu bylo osm měsíců. Navštívil naši kampaň potom, co se o nás dozvěděl z televize. Během modlitby za nemocné cítil, že z jeho těla vyšlo teplo.

Měl špatné trávení a špatně se mu jedlo. Ale jeho bolest zcela zmizela a nyní mohl normálně jíst. Lékař později konstatoval, že chlapec je naprosto zdráv.

Osman Guerra Miranda měla AIDS. Nemohla chodit a musela pořád ležet. Když se dostavila na kampaň a přijala modlitbu, cítila, že jí tělem projel oheň. Od tohoto okamžiku byla zbavená bolesti. Mohla vstát a ihned chodit.

Arnaldo Batres na naší akci odpovídal za bezpečnost. Měsíc před kampaní si poranil nohu. Nemohl se hýbat jako dříve a na běhání mohl zapomenout. Stále ale na kampani tvrdě pracoval, ačkoliv ho noha bolela. Během modlitby za nemocné však cítil, že se celé jeho tělo třese a že na něj přichází chlad. Úplně se uzdravil.

Uzdravení bylo tak dokonalé, že si hned další den mohl jít zahrát fotbal. Jeho osmiletá dcera od narození špatně slyšela, avšak ihned po modlitbě se jí sluch navrátil.

Suiafa Liera byla mormonka. Sledovala kampaň v televizi a během modlitby za nemocné si položila ruce na nohy. Nemohla hýbat nohama od nehody, jejíž obětí se stala před 8 měsíci. Když přijala modlitbu, sestoupil na ni oheň Ducha svatého a ona mohla ihned chodit a běhat. Přestoupila k protestantství.

Místní pastoři říkali: "Cítím se, jako kdybych prožíval události v Bibli. Teď opravdu věřím, že Bůh je všemohoucí." Velmi mne potěšilo slyšet takové poznámky, byl to pro mě jakýsi druh odměny.

Bylo to jako v Ježíšově době, kdy nemocní přišli s vírou, zažili plamenné skutky Ducha svatého a byli uzdraveni.

Když jsem se po kampani vrátil do Koreje, dostal jsem od viceprezidenta Hondurasu dopis. Poděkoval mi v něm jménem všech Hondurasanů za uzdravení velkého počtu lidí a za to, že jsem jim pomohl a duchovně je vedl.

Nová dimenze moci

Úžasné skutky Boží moci se projevovaly na každé zahraniční kampani, ale já jsem ve skutečnosti nebyl spokojený. Tato úroveň moci nestačila na dovršení světové misie, protože náš svět je plný hříchů.

Po kampani v Hondurasu mne Bůh vedl k nové dimenzi moci. Vysvětlil mi 'Původní hlas stvoření', o kterém jsem předtím nikdy neslyšel. Dal mi nový cíl: Abych dosáhl dokonalosti nejvyšší moci stvoření, musím najít původní hlas.

"Království země, zpívejte Bohu, zapějte žalmy Panovníku, tomu, jenž jezdí po nebi, po nebi odvěkém. Hle, vydal hlas, hlas plný moci" (Žalm 68:33-34).

Původní hlas je hlas Boha Stvořitele na počátku. Je tak vznešený a majestátní, že zní po celém vesmíru. Bůh tímto hlasem stvořil vesmír a všechny věci. Tento původní Boží hlas se nachází ve všech věcech. Ty proto okamžitě poslechnou, jakmile hlas zazní.

"Hospodin však řekl: 'Můj duch se nebude člověkem věčně zaneprazdňovat. Vždyť je jen tělo. Ať je jeho dnů sto dvacet let'" (Genesis 6:3).

Existuje jen jedna bytost, která nemůže slyšet tento původní hlas. Je to člověk těla, který se znovu nenarodil z vody a Ducha. Abychom tohoto člověka probudili, potřebujeme k tomu Boží moc. Ve čtyřech evangeliích najdeme zaznamenané případy věcí, které poslouchaly Ježíšovy rozkazy.

"Přistoupili a probudili ho se slovy: 'Mistře, Mistře, zahyneme!' On vstal, pohrozil větru a valícím se vlnám; i ustaly a bylo ticho. Řekl jim: 'Kde je vaše víra?' Oni se zděsili a užasli. Říkali mezi sebou: 'Kdo to jen je, že rozkazuje i větru a vodám a poslouchají ho?'" (Lukáš 8:24-25)

Když Ježíš přikázal, vítr a vlny poslechly. Jelikož přikazoval původním hlasem stvoření, slyšely ho a poslouchaly ho i neživotné věci. Stalo se to, protože Ježíš použil původní Boží hlas.

Mezi mocí projevenou původním hlasem a mocí projevenou skrze modlitbu s vírou existuje rozdíl. Spočívá v rychlosti a velikosti projevu moci. Původní hlas může okamžitě projevovat skutky stvoření. Ale modlitba s vírou nejprve pohne nebeským zástupem a anděly, a proto to nějakou dobu trvá.

V Koreji existovali moudří lidé, kteří předvídali události několik desetiletí nebo i století předtím, než se staly.

Tito lidé se zbavili veškerého zla dlouhodobou duchovní disciplínou a dosáhli stavu 'nicoty'. Oni nic nesoudili ani neodsuzovali a slyšeli Boží hlas. Ne vždycky, ale někdy slyšeli a chápali, a to, co prorokovali, se splnilo.

Například admirál Soonshin Lee obětoval svůj život za krále a svůj lid, protože měl dobré srdce, které v sobě nemělo žádné zlo. V jeho denících vidíme, že přiznal Boží existenci a modlil se k Bohu svým dobrým srdcem.

Protože viděl do budoucnosti, věděl i o budoucí japonské invazi. Navzdory všem kritikům postavil 'Želví lodě' a zachránil zemi před pádem.

Otcové víry, kteří slyšeli původní hlas

Jak duchovně rosteme, můžeme slyšet Boží hlas a získat vedení Duchem svatým. A když proměníme tento stav růstu v nicotu a vejdeme do hlubší dimenze ducha, můžeme slyšet původní Boží hlas. Bůh mi řekl, že mám proměnit úroveň neporušeného ducha, které jsem dosáhl, v úroveň nicoty (1 Tesalonickým 5:23).

V Bibli můžeme číst o případech, kdy lidé slyšeli původní hlas. Aby rozdělil Rudé moře, Mojžíš poslechl Boží hlas a pozvedl svou hůl a rozkázal Rudému moři, aby se rozdělilo. Pak se stalo veliké Boží dílo.

Jozue slyšel původní hlas, když přikázal, aby se zastavily slunce a měsíc. Jen díky tomu ho poslechly. Příčinou nebylo, že jeho víra byla tak velká. Kdyby měl moc zastavit slunce a měsíc sám, všechno by se stalo na jeho příkaz.

Nemusel by přikazovat, aby se slunce a měsíc zastavily. Stačilo by, kdyby řekl: "Všichni amalekští vojáci, buďte zničeni." Vojáci by zahynuli a válka by skončila.

Totéž se stalo, když byl Lazar už čtvrtý den mrtvý a Ježíš k němu promluvil, aby ožil. Ježíš už uslyšel Boží hlas. On vlastně vždy slyšel hlas Otce.

Protože slyšel Otcův hlas, který mu říkal, že Lazar bude oživen a Bůh získá slávu, Ježíš si nedělal žádné starosti. Když přikázal Lazarovi původním hlasem, on vyšel z hrobu živý.

Ovoce krve Tomášova mučednictví

Indické Chennai je místo, kde kázal evangelium apoštol Tomáš a kde byl také umučen. Nyní tam stojí katedrála, která jej připomíná. Tomáš byl jedním z dvanácti Ježíšových učedníků. Nejvíce proslul tím, že měl mnoho pochyb. Ale poté, co se setkal se vzkříšeným Pánem, získal skutečnou víru a obdržel Ducha svatého. Byl umučen, když kázal evangelium.

V říjnu 2002 mě Bůh zavedl do převážně hinduistické Indie. Řekl mi, že tuto kampaň plánoval ještě předtím, než začal čas a že to bude první kampaň, kde se projeví mocné skutky původního hlasu stvoření. Je to také velmi důležité místo, odkud se evangelium rozšíří na Blízký východ a do Izraele.

Kruté sucho

Chennai leží v jihovýchodní Indii. Je to čtvrté největší

indické město. Kampaň se konala na Marina Beach s podporou Společenství služebníků evangelia v Chennai.

8. října jsem odletěl z letiště Incheon. Když jsme přilétali do Singapuru, střídavě se objevovala a mizela duha. Mnohokrát jsem již zmínil, že kdykoliv jedeme na misijní výjezd, vídáváme duhy. Tentokrát se duha držela letadla přibližně hodinu.

To pravděpodobně znamenalo, že Bůh bude během čtyřdenní kampaně s námi, protože jasně svítila čtyřnásobná duha. Objevovaly se i jiné druhy duh včetně rovné duhy. Členové našeho misijního týmu vykřikovali překvapením a radostí a zaznamenávali si je na video a fotoaparáty.

8. října kolem 22. hodiny večerní jsme se dostali na letiště Chennai. Mrholilo. Když jsem nastoupil do auta a odjížděl z letiště, začalo silně pršet.

Ale ti, kteří čekali venku, aby nás přivítali, byli tak veselí, že jim déšť nevadil. Slyšel jsem, že toto území trpí už tři roky suchem a že za posledních 9 měsíců vůbec nezapršelo. Byl to obrovský sociální problém.

Celé město Chennai stávkovalo proti centrální vládě kvůli problémům s dodávkami vody. Za takových podmínek jsem do Indie přijel, ale potom zde začalo pršet často. Někteří lidé mi přezdívali 'Dešťový Bůh', protože jsem prý přivezl déšť.

Zákon proti přestupu na jinou víru

Bůh chtěl během kampaně sklízet velikou slávu, a proto zde nastaly rovněž veliké překážky ze strany satana.

Někteří lidé rozhlásili v Chennai falešné zvěsti, aby se kampaň nekonala. Ale stalo se něco mnohem významnějšího. Bylo vyhlášeno nařízení proti nuceným přestupům na jinou víru.

Říkalo se tam:

> "Nikdo nesmí obracet jiného člověka z jedné víry na druhou nebo se o to pokoušet, buď přímo nebo jinak, donucením, pomocí kouzla nebo jiného podvodného způsobu. Kdokoliv poruší toto nařízení, odpyká si trest až tři roky ve vězení a zaplatí pokutu 50 000 rupií. Pokud je konvertita nezletilý, žena či osoba z nedotknutelné kasty nebo kmene, odnětí svobody může trvat až 5 let a pokuta může činit až 100 000 rupií."

Ti, kteří dobrovolně přejdou na jinou víru a duchovní vůdci, kteří s tím měli něco společného, měli povinnost to oznámit místní správě.

Tento zákon vstoupil v účinnost 10. října, první den kampaně. Musel jsem riskovat, že budu uvězněn za to, že budu kázat evangelium.

Dokud jsem nepřijel do Indie, nevěděl jsem o tom. Členové církve, kteří se na kampaň připravovali, mě o tom neinformovali. Měli strach, že si budu dělat starosti.

Kvůli této situaci mě organizátoři požádali, abych kázal jen poselství o pokoji a požehnání.

Ale pokud jsem nemohl mluvit o Bohu Stvořiteli a Ježíši Kristu, neměl jsem důvod tam jet. Nevzdával jsem to. Ačkoliv mne mohou poslat do vězení, budu o Bohu Stvořiteli a Ježíši Kristu mluvit.

Na každém shromáždění jsem zdůrazňoval, že Bůh může odpustit lidem hříchy a že mohou být spaseni, když přijmou Ježíše Krista. Kázal jsem i o překrásném nebi a o strašném pekle.

Konference pastorů

10. října byl první den kampaně. Toho dne se v Chennai ukázala velká duha ve tvaru kruhu kolem slunce. Ráno jsme měli konferenci pastorů v Kamaraj Arangam.

Konferenci navštívilo asi 3 000 pastorů, přibližně dvakrát více než organizátoři očekávali. Mluvil jsem o tom, proč Bůh umístil do zahrady Eden strom poznání dobrého a zlého.

Když jsem viděl, že jsou lidé tak pozorní, veselí a že čas od času tleskají, cítil jsem, že přitom, jak poslouchají mé slovo, duchovně žízní.

Tlumočník konference nepřišel včas a nahradil ho někdo jiný. Později jsem se dozvěděl, že se tento tlumočník dohodl s člověkem v organizačním výboru, že nebude tlumočit, jestliže budu mluvit o duchovních věcech.

Mluvil jsem o stromu poznání dobrého a zlého a kdybych vynechal aspekty zahrady Eden, chybělo by nám jádro.

Protože nový tlumočník neznal situaci, přeložil všechno. Nebyla zde žádná dopravní zácpa a když jsem si uvědomil, že původní tlumočník nepřichází, cítil jsem, že zasáhl Bůh.

Přišel jsem na Marina Beach kolem 18. hodiny s velkým očekáváním a poněkud nervózní. Je to druhá nejdelší pláž na světě. Ležela pouze 15 minut od našeho hotelu. Z hotelového pokoje jsem mohl dokonce vidět pódium.

Pódium bylo třípatrové a 45 metrů široké. Uneslo by až 2 000 lidí. Nabízelo dost místa pro všechny, kteří by se chtěli podělit o své svědectví. To místo bylo tak velké, že na jiných místech byly rozmístěny obrazovky. Měly úhlopříčku 25 metrů. Chyběla hodina do začátku a už se tam shromáždilo mnoho lidí.

Indický festival zázračného uzdravování (Marina Beach).

Počátek velké kampaně

Toho dne jsem kázal o Bohu Stvořiteli. Prohlásil jsem, že jim ukážu, zda je Bůh skutečný Bůh, zda je všemohoucí a zda opravdu působí svou mocí. Po poselství jsem se celou svou silou modlil za nemocné. Vyhnal jsem mnoho démonů a spousta nemocných došla uzdravení. Vše se živě vysílalo na mnoha televizních stanicích.

Jedním z návštěvníků byl šestnáctiletý chlapec jménem Ganesh. Před nějakou dobou se stal obětí nehody a byl převezen do nemocnice. Tam mu zjistili nádor v kyčelní kosti. Lékaři mu vytáhli nádor s částí jeho kyčelní kosti a mezi jeho stehno a kyčel vsunuli kovové destičky, aby je spojili. Nemohl vstát 6 měsíců z postele.

I potom měl potíže se sehnout a chodit. Ale šel na kampaň s pomocí jiných lidí. Když přijal modlitbu za nemocné, cítil něco jako elektrický šok. Od té doby ho bolest opustila a už nepotřeboval hole.

Další den brzy ráno velmi silně pršelo. Přišlo více lidí než prvního dne a bylo i více uzdravených. Každý den se shromáždily stovky tisíc lidí. Byl jsem na vysokém pódiu, ale i tak jsem jen stěží dohlédl na konec davu. Po uzdravovacích modlitbách přišlo na pódium mnoho lidí, což organizátory velmi překvapilo.

Hodně známých evangelistů pořádalo na Marina Beach své kampaně, ale nikdy se jim nepodařilo vidět tolik skutků uzdravení a jak řekli, ani to ve skutečnosti neočekávali.

Boží prozíravost pro největší kampaň

Od třetího dne kampaně se na obloze objevovaly rovné duhy i duhy ve tvaru kruhu. Znovu přišly stovky tisíc lidí a začala kampaň.

Ale stalo se něco neočekávaného. Náhle se během kázání zvedl silný vítr a začalo hustě pršet. Udeřil hrom i blesk. Lilo tak, že jsem ani nemohl pořádně otevřít oči.

I pódium se otřásalo pod nápory silného větru. Někteří návštěvníci dostali strach. Zdálo se, že odejdou. Naléhal jsem na ně, aby se nenechali deštěm odradit, ale namísto toho překonali nepohodlí vírou a vzdali Bohu slávu. Zanedlouho nastalo ticho a oni poslouchali poselství.

Nemohl jsem se ubránit nejrůznějším obavám. Největším problémem bylo, že se mohlo namočit, porouchat nebo zkratovat vysílací zařízení. Televizní vysílání by tak mohlo být přerušeno. Ale rychle jsem to vypudil ze své mysli, protože jsem měl víru, že nás Bůh ochrání.

Silný vítr a déšť pokračovaly více než hodinu, ale žádné vysílací zařízení, osvětlení, obrazovky ani elektrické zařízení nebylo poškozeno. S takovým deštěm, větrem a blesky by mohl vyvstat velký problém.

Na pódiu byly elektrické kabely a déšť pronikl i do některých zásuvek, ale nevznikly z toho žádné problémy. Nestala se žádná nehoda, protože nás chránil Bůh.

Během slova jsem se v duchu modlil za to, aby déšť ustal. Ale pršelo čím dál víc. Za uplynulých 20 let nám Bůh vždy daroval dobré počasí při každé události pod širým nebem. Modlitba vždy zastavila i ten sebesilnější déšť. Vůbec poprvé jsem byl naprosto promočen.

Byl jsem tak nervózní, že mé nohy ztratily sílu. Chtěl jsem si jenom sednout a plakat. Ale nemohl jsem ukápnout ani slzičku. Kázal jsem dál v silném dešti, ačkoliv jsem byl promočený na kost. A modlil jsem se i za nemocné. A to všechno bez toho, abych měl alespoň deštník. Myslím, že to lidi dojalo, a proto zůstali.

Bůh toho dne projevil úžasné skutky uzdravení a mnozí lidé to viděli v televizi a na Internetu.

Po modlitbě začala proudit svědectví. Sledoval jsem je.

Někteří z lidí, kteří šli na dolní část pódia, se na mě dívali a se slzami v očích mi děkovali.

Poté, co jsem se vrátil do hotelu, ptal jsem se v modlitbě Boha, proč byl takový silný déšť a proč neustal ani po mé modlitbě. On mi řekl, že prudký déšť a silný vítr byla Boží prozíravost.

Protože pršelo z Boží prozíravosti, nemohlo to přestat, i když jsem se modlil.

"Skrze to se Bůh a Ježíš hluboce zapsali do srdcí Indů, ale i ty ses zapsal do jejich srdcí."

Vysvětlil, proč dopustil tak silný déšť. Chtěl, aby místní pastoři a lidé porozuměli, co je opravdová víra a vtiskli si Boží lásku hluboko do svého srdce. Protože jsme to překonali s vírou, dostane se nám mnoho požehnání.

Od roku 2001 mi Bůh říkal, že kampaň v Indii byla naplánována dlouho před tím, než začal čas a že měla být v mnoha ohledech nejúžasnější. Bůh zná srdce lidí a věděl, kolik lidí přijde.

Tato kampaň se živě vysílala na čtyřech televizních stanicích stejně jako na Internetu. To bylo pro křesťanskou událost velmi vzácné, zejména v zemi jako je Indie.

Mnozí Indové sledovali tuto událost, která pokračovala navzdory silnému dešti, v televizi a hluboce se jich to dotklo. Viděli skutečnou Ježíšovu lásku a Boží láska se hluboce vtiskla do jejich srdcí.

"Kdo je ten, který miluje Indii s takovou obrovskou oddaností?"

Modlitba za nemocné v prudkém dešti.

Největší dav

Příštího dne, 13. října, se na Marina Beach shromáždilo rekordních 1,5 miliónu lidí. Mnoho lidí, kteří se na kampaň dívali v televizi, bylo dojato a přišlo na Marina Beach. Nemohl jsem dohlédnout konec davu.

Někteří říkali, že to vypadalo jako písek na pláži proměněný v lidi. Když jsem se toho dne modlil za nemocné, slyšel jsem výkřiky mnoha démonů.

Démoni věděli, že se chystám jim přikázat, aby odešli pryč a křičeli. Mnoho Indů bylo posedlých zlými duchy, protože dlouho uctívali modly.

Když jsem démonům přikázal odejít, křik ustal a nastalo

ticho. Někteří lidé viděli duchovním zrakem, že démoni utíkají, aniž by se ohlédli zpět.

Moc původního hlasu byla vskutku veliká. Ti, kteří byli posedlí démony, byli zase v pořádku. Ti, kteří dříve neslyšeli, nabyli sluch a ti, kteří nemluvili, mohli konečně promluvit. Někteří byli přineseni na nosítkách, ale odešli po svých. Bylo uzdraveno hodně nevyléčitelných nemocí. Zvlášť poslední den kampaně byl plný planoucích skutků Ducha svatého a nedalo se na něj zapomenout.

To ale nebylo všechno. Někteří hinduisté provozují něco jako čarodějnictví. Věší doma vejce a některé druhy ovoce a proklínají ostatní lidi. Po návratu do Koreje jsem dostal mnoho dopisů popisujících takovou černou magii.

Jeden nevěřící muž v různých místech domu věšel vejce, ale manželka věřila v Boha. Dívala se na kampaň v televizi.

Když jsem se modlil za nemocné, hřebíky, za které visely vejce, spadly spolu s vejci na zem a vejce se rozbila. Překvapený muž řekl, že bude chodit do církve a už se křesťanství nebude vyhýbat.

Místní pastoři říkali, že tato kampaň byla v mnoha ohledech největší. Říkali, že se mluvilo v harmonii o Bohu Stvořiteli a o Ježíši Kristu a že vyřčená slova byla potvrzena znameními, která potom následovala, takže to bylo dokonalé poselství a neexistoval nikdo, kdo by ho mohl napadnout.

Organizátoři říkali, že více než 60 % příchozích byli hinduisté. Mnoho z nich přijalo Ježíše a konvertovalo ke křesťanství.

Nejen na Marina Beach, ale i v devíti jiných městech byly postaveny velké obrazovky, na kterých se kampaň přenášela. V těch místech se shromáždily desítky tisíc lidí. Poslouchali slovo a byli uzdraveni. To byla velká změna v historii křesťanství v Indii.

Při této kampani se z Tomášovy mučednické krve zrodilo ovoce.

Zákon proti přestupu na jinou víru konečně zrušen

Od prvního dne kampaně se na mne mnoho policistů dívalo nepřátelsky. Ale po čase se jejich výrazy změnily. Když se stali svědky toho, jak se uzdravilo mnoho lidí, přišli ke mně a klekli si, abych se za ně pomodlil.

Policie sdělila vládě v Tamilnádu a centrální vládě, že se za čtyři dny shromáždilo více než 3 miliony lidí a že křesťanská událost probíhala poklidně bez jakéhokoliv incidentu. Pro křesťanství to byla šance, aby bylo v indické společnosti rehabilitováno. Mnozí věřící, kteří žili pod útlakem, mohli být znovu otevřeně pyšní na svou víru.

Hodně lidí konvertovalo a křesťanství bylo posíleno. Křesťanští vůdci se spojili a vydali prohlášení, které vyžadovalo zrušení zákona proti přestupu na jinou víru. Křesťanské školy a nemocnice byly uzavřeny a křesťané se postili na protest proti vládě. To bylo dříve nepředstavitelné.

Ve volbách v roce 2004 nakonec s velkým rozdílem prohrála Celoindická strana Anna Dravida Munnetra Kazhagam (AIADMK).

Ke straně AIADMK patřila i státní guvernérka Tamilnádu paní Jayalalitha. Demokratický progresivní svaz (DPA), který byl ke křesťanství mnohem přátelštější, se stal největší stranou.

Státní guvernérka paní Jayalalitha vyhlásila mnoho nařízení, aby získala srdce lidí. Jedním z nich bylo zrušení zákona proti přestupu na jinou víru 18. května 2004.

Četní lidé vypovídají o svém zázračném uzdravení.

Kampaně se zúčastnilo mnoho pastorů a zástupců médií. Pocházeli ze Spojených států, Blízkého východu, Ruska, Austrálie, Izraele a jiných zemí. Stali se svědky Boží moci, o které si mysleli, že existuje jen v Bibli a požádali nás, abychom zorganizovali kampaň i v jejich zemích.

Více než 30 zemí požádalo o kampaň. Toto byla sedmá kampaň od roku 2000, ale já jsem nikdy nerozhodoval, kde se budou kampaně konat. Následoval jsem jen Boží příkaz a lidská přání s tím neměla co dělat.

Kapitola 7

K tvému světlu přijdou pronárody

Co se stalo v Dubaji

Po kampani v Ugandě mi Bůh řekl, že mám jet do Dubaje. Do té doby jsem o Dubaji nikdy neslyšel.

Když jsem se vracel z kampaně v Keni, zastavili jsme se v Dubaji. Byla to má první návštěva této země. Na letišti jsem se modlil: "Otče, kéž se ti skrze tuto zemi dostane veliké slávy."

Dubaj je druhý největší emirát Spojených arabských emirátů. Z tohoto místa Korea importuje většinu své ropy. Bůh řekl, že dřívějších sedm kampaní byly kampaně kvantitativního rozměru, ale tato kampaň bude mít spíše kvalitativní aspekt.

Bůh také řekl, že musíme změnit způsob svého uvažování, protože kampaň samotná nebyla opravdovým účelem naší návštěvy v Dubaji. Účelem bylo představit mne vyšším úředníkům a splnit později příslib stavby velkého chrámu.

Úřady nám povolily setkání, a tak jsme od 2. do 4. dubna v mezinárodním konferenčním sále hotelu Hyatt uspořádali "Korejský křesťanský kulturní festival." Cílem bylo představit korejské tradiční tance a hudbu a přispět k lepší spolupráci mezi oběma zeměmi a tím také snadněji šířit evangelium.

Mohli jsme setkání zorganizovat v nějaké církevní budově, ale pokud bychom tak učinili, muslimové by se nemohli zúčastnit. Proto jsme vybrali hotel. Od začátku jsem se domníval, že se toto setkání nebude konat, ale nikomu ze svého týmu jsem o tom neřekl. Nechal jsem je, aby se na setkání připravili s vírou.

Ačkoliv je Dubaj relativně otevřenější než ostatní blízkovýchodní země, je to pořád islámská země a kázání jiného náboženství místním Arabům je přísně zakázáno.

Do Dubaje jsem přijel den před kampaní. Byl jsem upozorněn na to, že setkání muselo být z bezpečnostních důvodů zrušeno.

Bylo zrovna po válce v Iráku a situace ve světě nebyla stabilní. Ale to nebyl skutečný důvod. Jeden člen našeho týmu v té době náhodou potkal dubajského korunního prince, jenž přišel, aby zkontroloval hotel, a dal mu pozvánku. Když se korunní princ dozvěděl, že se jedná o křesťanské setkání, vydal přímý rozkaz k jeho zrušení.

Pod pečlivým policejním dohledem

2. dubna vykonalo více než 100 policistů v hotelu inspekci. Vyhodili kohokoliv, kdo se chystal zúčastnit našeho setkání. Také pozorně sledovali náš misijní tým.

Náš nepřítel ďábel si myslel, že zákazem z nejvyšších míst země pro nás hra skončí, ale Boží prozíravost se potichu naplňovala.

Následujícího dne jsme dostali pozvání od Dubajského klubu postižených. Šli jsme tam ve skupinách tří až pěti osob. Jelikož bylo toto shromáždění zorganizováno narychlo, přišlo jen 100 lidí.

Většina z nich měla vážné postižení a mnozí nedokázali sami chodit. Mnoho žen na sobě mělo černou abáju. Pronesl jsem patnáctiminutové kázání a modlil se ve jménu Ježíše Krista. Odehrály se úžasné Boží skutky. Ti, kteří nemohli chodit, začali chodit a některým se vrátil sluch. Lidé se ztuhlými těly následkem mozkové obrny se znovu mohli ohnout, protáhnout a hýbat.

Toto setkání a dřívější kampaně byly vysílány v celé Dubaji stanicí ZEE TV, což je indický satelitní televizní kanál, který pokrývá 16 zemí v této oblasti.

Zatímco jsem pobýval v hotelu, navštěvovali mě ti, kteří toužili po Boží moci, a to navzdory policejní barikádě. Kdybychom byli pořádali kampaň, nemohl bych se s nikým setkat, ale nyní jsem se mohl setkat s mnoha lidmi, které mi Bůh posílal.

Kvůli zranění, které utrpěla při automobilové nehodě, byla paní jménem Sheila Diwakar už dlouho upoutána na invalidním vozíku. Hýbala se jen s velkými obtížemi. Ale po mé modlitbě vstala a začala pomalu chodit. Nedokázala skrývat svou radost.

Pomáhali nám i někteří novináři. Dr. Omer Yassin přišel s manželkou a dcerou. Jeho dcera trpěla už 30 let poruchou řeči způsobenou zánětem mozku a měkkých plen mozkových.

Ale poté, co jsem se za ni pomodlil, mi řekla: "Děkuji!" Manželé poprvé viděli svou dceru mluvit. Byli hluboce dojati.

Dr. Omer řekl, že o dceřině uzdravení napíše. Ačkoliv jsem neměl dostatek času, setkal jsem se s mnohými lidmi, kteří nám při misii na Blízkém východě mohli pomoci. Tito lidé se stali spojujícími články k naplnění Božího plánu.

Kampaň v Rusku, oficiální událost k 300. výročí Sankt Petěrburku

27. května 2003 si pozvala hlava ruského státu, Vladimír Putin, prezidenty více než 50 zemí, aby oslavili 300. výročí založení města Sankt Petěrburk. Protože se na jednom místě shromáždilo tak mnoho hlav států, upoutal Sankt Petěrburk pozornost celého světa.

Naše kampaň v Rusku se konala ve stejném roce. Byla naplánována jako jedna z oficiálních akcí slavností a počítalo se se spoluprací vládních úřadů. Od prvního dne kampaně 12. listopadu 2003 byl olympijský stadión v Sankt Petěrburku přeplněn lidmi.

V listopadu je zde zima a hustě sněží. Ale během celé kampaně jsme měli atypicky teplé počasí s teplotami nad bodem mrazu. Kázal jsem o Bohu Stvořiteli, proč je Ježíš Kristus jediný Spasitel a o moci Ducha svatého.

Při každé modlitbě za nemocné byl stadión plný ohně Ducha svatého.

Ruský festival zázračného uzdravování. (Olympijský stadión v Sankt-Petěrburku)

Byli tam lidé, jež křičeli, že najednou slyší. Ti, kteří dříve nemohli chodit, začali chodit. Mnozí, kteří chodili o holi kvůli znetvořeným nohám, se zase postavili a sami chodili. Další odhazovali brýle poté, co znovu nabyli zraku. Našli se i takoví, kteří se zbavili poruch řeči. Tyto záběry se živě vysílaly do celého světa.

Mimo náš stadión v Sankt Petěrburku se prostřednictvím

živého vysílání konaly simultánní kampaně na dalších pěti místech – v Penze, Iževsku a na Ukrajině.

Na rozlučkovém večírku, kam jsem šel po kampani, mě oslovil nějaký pastor, který se zúčastnil simultánní akce v Iževsku. I přes nízké teploty pod minus 20 stupňů Celsia se sešlo více než tisíc lidí a mnoho z nich bylo uzdraveno.

Jeden pastor, který se angažoval v klubu pro postižené lidi, vyjádřil svou radost nad tím, že bylo uzdraveno tolik lidí se sluchovými a zrakovými vadami.

Tato kampaň byla vysílána živě nejen v Rusku, ale také ve více než 150 zemích skrze satelitní a kabelové vysílání různých stanic. Lidé zažili zázračné uzdravení skrze sledování televize v sousedních zemích jako je Estonsko a zasílali stanicím své příběhy.

Zúčastnili se i místní lékaři, aby zaznamenali a zdokumentovali případy uzdravení. Jeden lékař vyjádřil své překvapení slovy: "Byl jsem šokován, když jsem viděl, kolik lidí bylo uzdraveno prostřednictvím pouhé modlitby."

Předseda Moskevského sdružení letničních církví řekl, že cítil oheň Ducha svatého a Boží přítomnost a že to byl zlomový moment důležitý pro probuzení ruských církví.

Dodal, že pastoři byli probuzeni z duchovního spánku a že nyní věří, že se Boží moc nenalézá jen v Bibli, ale že se může projevovat i dnes. Touto cestou začali toužit po Boží moci a církve se sjednotily.

Začátek duchovních studií

Bůh je duch a do té míry, do jaké se měníme v ducha a pravdu, můžeme také plout na vlnách 'duchovního prostoru'. Do té míry, do jaké přijímáme duchovno, se můžeme spojit s Bohem v jedno v jeho prostoru a obdržet jeho moc. Tímto způsobem pak bude autorita při kázání jiná.

Možná není tak těžké udělat kázáním na posluchače dobrý dojem. Abychom však posluchače změnili, abychom pronikli k jeho duši a duchu a aby se mu naše slovo dostalo až do morku kostí, musíme mít autoritu od Boha.

Hloubka duchovního světa je bezmezná. Aby mne Bůh zavedl do vyšších dimenzí své moci, vedl mě k tomu, abych v lednu 2003 zahájil duchovní studia.

Tento proces byl nezbytný k tomu, abych mohl stoprocentně slyšet původní Boží hlas vycházející z jeho srdce a zcela odhalit nejvyšší moc stvoření.

Bůh mi vysvětlil duchovní zákony počátku času. Také mi objasnil pravidla spravedlnosti. Dal mi dopodrobna vědět o Božích prorocích jako Abrahámovi, Mojžíšovi, Eliášovi a apoštolu Pavlovi, kteří se dostali na úroveň ducha známou pod označením 'neporušený duch'.

Rovněž mě vyučoval o Bohu Stvořiteli, o Pánu Ježíši a o dalších prorocích a apoštolech, kteří projevovali Boží moc. Kromě toho jsem se dozvěděl o úrovních světla.

Vyučování pastorů o tom, jak duchovně sloužit

Během roku jsem na základě toho, co jsem se naučil od Boha o hlubokém duchovním světě, uspořádal pár konferencí pro pastory.

Abych pomohl pastorům v naší církvi a zahraničním misionářům k duchovnímu růstu a k tomu, aby se stali milovanými a mocnými Božími služebníky, vyučoval jsem je celou svou silou a modlil jsem se za ně k Bohu se slzami v očích.

Jak řekl apoštol Pavel: *"Buďte proto bdělí a pamatujte, že jsem se slzami v očích po tři roky ve dne v noci každému z vás neustále ukazoval cestu"* (Skutky 20:31). Učil jsem je vše, co jsem se naučil od Boha, aby jejich víra mohla dosáhnout zralejší úrovně a aby mohli dosáhnout neporušeného ducha.

Jak moc bych byl šťastný, kdyby mnoho jiných pastorů obdrželo větší moc, než mám já, Boží království by se rozšířilo a bylo spaseno mnohem více duší! V červenci 2003 jsem hovořil na 21. konferenci pro pastory s názvem 'Proud Ducha'.

Promluvil jsem k nim o 'prostoru' podle toho, jak jsem se to naučil od Boha. Učil jsem je, jak dosáhnout duchovního srdce a plout na vlnách tohoto 'prostoru'. Zmínil jsem se i o 24 starcích v novém Jeruzalémě. Také jsem na ně naléhal, aby usilovali o větší moc v duchovní službě a měli větší naději v nebe.

Mnoho veršů v Bibli jako v 1 Královské 8:27 a v Jeremjáši 10:12 praví, že není jen jedno nebe, ale že existuje několik různých nebes. I Nový zákon v Efezským 4:10 používá množné číslo, když zde říká "nade všechna nebesa."

Nebe není pouze jedno, je jich mnoho. Obecně může být rozděleno na fyzický prostor a na duchovní prostor, což je duchovní svět. Fyzický prostor je co se týče velikosti velice malý ve srovnání s rozměrem duchovního prostoru.

Fyzický prostor je první nebe a počínaje druhým nebem patří nebesa k duchovnímu světu.

V druhém nebi se nachází zahrada Eden a existují zde i zlí duchové. Ve třetím nebi se nalézá nebeské království a čtvrté nebe je sídlem původního Božího trůnu. Je v jiném rozměru než Boží trůn v novém Jeruzalémě.

Prostor

Boží srdce prostupuje všemi prostory celého vesmíru. Vlastnit konkrétní prostor znamená pojmout jej celý do srdce. Konkrétně to znamená mít podrobné znalosti tohoto prostoru, tříbit jej jako duchovní znalosti a udělat jej úplným ve svém srdci.

Žalm 68:33-34 praví: *"Království země, zpívejte Bohu, zapějte žalmy Panovníku, tomu, jenž jezdí po nebi, po nebi odvěkém. Hle, vydal hlas, hlas plný moci."* Hlas plný moci je odkazem na původní hlas stvoření.

Ten vlastní a ovládá dokonce i prostor ve čtvrtém nebi. Jen na této úrovni může někdo vydávat původní hlas. A tomuto zvuku se říká 'mocný hlas'. My jej však slyšet nemůžeme.

Když tento původní hlas stvoření zazní, poslouchají všechny věci ve všech prostorech. Jeho autorita a důstojnost otřese všemi nebesy.

Kdyby někdo ten hlas skutečně uslyšel, praskl by mu ušní bubínek. Můžeme ten mocný hlas uslyšet, jen když nám Bůh otevře duchovní sluch.

Bůh mě nejprve uvedl do duchovních znalostí o prostoru ve čtvrtém nebi. Toho lze dosáhnout, když někdo překoná úroveň pouhého 'ducha' a vejde do čisté úrovně Božího ducha a vlastní všechen prostor čtvrtého nebe. A tak lze také druhé nebe i třetí nebe ovládat v duchu.

Ti, kteří se dostali na úroveň neporušeného ducha jako Eliáš, Mojžíš a apoštol Pavel, dospěli na úroveň ovládání zlých duchů přítomných v druhém nebi. Zlí duchové se třesou před takovými lidmi, kteří dosáhli neporušeného ducha a ve skutečnosti se k nim nedokážou ani přiblížit.

Ale dokud lidé neporušeného ducha budou žít na této zemi, nepřítel ďábel bude podněcovat zlé lidi, aby je pronásledovali a překáželi jim. Tuto autoritu dal zlým duchům Bůh do té doby, dokud nebude tříbení lidstva na této zemi u konce. Nepřítel ďábel tuto autoritu plně využívá a snaží se takové lidi pronásledovat a znemožnit jim skutky vedoucí k dosažení Božího království.

Proto poté, co se dostaneme na úroveň neporušeného ducha, musíme bojovat s temnými mocnostmi dál, dokud naše služba na této zemi neskončí. Ale jestliže někdo získá prostor v čtvrtém nebi, uskutečňují se věci, kterým velí původní hlas a nepříteli ďáblu se nedaří tuto práci narušit.

Můžete se ptát: "Pokud dal Bůh zlým duchům autoritu, nemohou i oni konat mocné skutky?" Nepřítel ďábel se svou vlastní autoritou nemůže konat skutky moci.

Nepřítel ďábel pokouší a přináší zkoušky na ty, kteří opouštějí Boží slovo a dopouštějí se hříchů. Děje se to podle pravidel duchovního světa. Bůh řekl hadovi, aby po všechny dny svého života žral prach (Genesis 3:14). Avšak hadi nejedí prach. Jedí živé bytosti jako žáby či myši.

Prach zde má duchovní význam. Je to narážka na člověka, který byl učiněn z prachu země. Bůh dovoluje ďáblovi žrát tyto 'lidi těla', kteří neposlouchají Boží slovo a dopouštějí se hříchů.

Jen Bůh má moc stvoření a může oživit mrtvé a dovolit, aby chromý opět vstal na nohy a slepý prohlédl. Ďábel nemá takovou moc, a proto v Bibli neexistuje žádná pasáž, která by zmiňovala zlé duchy vykonávající takovéto skutky.

Když mne Bůh připravoval na přechod do prostoru čtvrtého nebe, odstranil fyzickou energii z mého těla a naplnil mě duchovní energií. Při tomto procesu bylo mé tělo postiženo několika abnormalitami. Příčinou bylo, že moje tělo bylo v třírozměrném světě a já jsem se připravoval na dobytí čtyřrozměrného prostoru čtvrtého nebe.

Duchovní prostor ve čtvrtém rozměru je rozměrem, kde Bůh existoval sám jako původní zvuk a světlo. Na této úrovni se věci vyplňují pouze tím, že je máte na srdci.

Požehnání skrze tři zkoušky, které Bůh ve své prozíravosti dopustil

Řekněme, že Ježíšova moc byla 100%. Moc, kterou člověk neporušeného ducha může prokázat, dosahuje maximálně úrovně 50%. Mezi biblickými postavami projevoval nejmocnější skutky apoštol Pavel. Aktivně komunikoval s Bohem a napsal 14 knih Bible. I když je toto vskutku úžasné, měl jenom 50% moci ve srovnání s Ježíšem.

Proto se mu nedařilo vrátit slepým zrak a němým řeč. Nedokázal projevovat skutky přesahující omezení času a prostoru.

Podle některých lidí působil Mojžíš na větší úrovni moci než Pavel. Ale Mojžíš dělal znamení a zázraky (jako třeba rozdělení Rudého moře) tak, že poslechl Boží slovo.

Apoštol Pavel konal znamení a zázraky pouze svou vlastní vírou i bez Božího příkazu. Bůh řekl, že abychom splnili světovou misii na tomto světě plném hříchů, nestačí ani 50% úrovně moci apoštola Pavla.

Jestliže má moc byla v době založení církve na úrovni 1%, Bůh přidal zbývajících 99% a ukazoval nám úžasná znamení a zázraky. Různými zkouškami víry se moje moc od počátku pomalu zvětšovala a došla k úrovni 50% ještě před třemi zkouškami, které začaly v roce 1998.

K tomu, abych naplnil celou Boží prozíravost, mi však 50% nestačilo. Proto mne Bůh prostřednictvím tří zkoušek vedl k tomu, abych dosáhl ještě větší moci. Mnozí lidé mě zradili a byl jsem pronásledován bez jakéhokoliv důvodu. Já jsem to však překonal s radostí, díkuvzdáním, modlitbami, láskou a dobrotou.

Nepřítel ďábel se pokusil mě třemi zkouškami a dalšími intrikami zničit, ale nebyl úspěšný. Zákon duchovního světa říká, že mzdou hříchu je smrt. Proto ďábel nemůže zabít či zničit nikoho, kdo se nedopouští hříchů. Ďábel podněcoval zlé lidi a ukřižoval Ježíše, ale protože byl Ježíš bez hříchu, zlomil autoritu smrti a vstal z mrtvých.

Od té doby nemohl nepřítel ďábel udělat nic, aby se mi postavil do cesty a překazil misii. Jakmile jsem obstál ve třech zkouškách, Bůh mi dal světlo čtyř úrovní moci. Když jsem se předtím modlil, moc sestupovala z nebe a vycházela skrze mne, ale od té doby světlo Boží moci začalo vycházet přímo ze mne.

Abychom dovršili tříbení člověka na tomto světě plném hříchu, potřebujeme moc stvoření. Proto mne Bůh přivedl na tuto úroveň tím, že sesílal všelijaké zkoušky, aby mě nepřítel ďábel již nemohl z ničeho nařknout.

Jelikož jsem ve zkouškách obstál, ďábel nemohl nic namítat, když mi Bůh dal svou moc. Bez překonání těchto zkoušek by satan u Boha protestoval: "Dal jsi svému služebníkovi tolik moci, že lidé kvůli tomu budou věřit. Je to opravdové tříbení člověka?"

Bůh působí v rámci dokonalé spravedlnosti a nemá žádné chyby. Tříbí lidstvo už dlouho, ale nikdy nedělal nic, co by nebylo spravedlivé. Bůh mi dal čtyři úrovně moci a vyučoval mě, abych se dostal ještě k dokonalejším úrovním.

Cílem bylo dovršit světovou misii a prohlašovat živého Boha po celém světě. Skrze tento proces jsem si hluboce uvědomil Boží lidskost, která díky dobrotě rozumí lidem a chce, aby uvěřili i zlí lidé a božskou podstatu, která rozeznává zlo člověka. Do mého srdce se usazovala Boží láska a spravedlnost.

V roce 2000 se úroveň mé moci výrazně zvětšila. Počínaje kampaní v Ugandě se zeširoka otevřely dveře k misijní činnosti v zahraničí a projevovala se moc stvoření. Ale pro člověka v lidském těle nebylo lehké vejít do prostoru čtvrtého rozměru.

Jen si představte, jak tvrdě kosmonauti trénují, aby se přizpůsobili jinému prostředí v kosmu. Stejně jako kosmonauti, jež se setkávají s velkým odporem, když opouštějí zemskou atmosféru, jsem i já měl závažné křeče, když jsem se pokoušel dostat do prostoru čtvrtého rozměru.

Má příprava vrcholila v listopadu roku 2003 v době kampaně v Rusku. Vrcholu dosáhly i mé křeče. Nemohl jsem ani spát, protože jsem trpěl křečemi 24 hodin denně. Ale v roce 2004 se mi výrazně ulevilo.

I teď jsem přetížený kvůli světové misii, stavbě chrámu a finančním záležitostem. Až tyto starosti zmizí, odpočinu si a ty křeče přirozeně taky zmizí.

15. dubna 2004 jsem dokončil svoje duchovní studia. Od té doby jsem si upevňoval v praxi to, co jsem se naučil. Toho dne jsem byl ve své modlitebně a viděl jsem okolo slunce jasnou duhu

ve tvaru kruhu.

Cítil jsem, jak se má moc od ukončení duchovních studií zvětšila. Lidi jsem uzdravoval mnohem rychleji než předtím. Samotného mne to překvapilo. Jeden člověk se závažnými popáleninami byl uzdraven a za týden už neměl žádné jizvy. Členům církve se rovněž dostalo rychlého požehnání. Všechno se odehrávalo rychle. Až zcela dokončím duchovní cvičení, budu schopen projevovat mocné Boží skutky v rámci zákona Boží lásky a spravedlnosti bez jakýchkoliv překážek a překročím omezení fyzického a duchovního prostoru. V říjnu roku 2004 jsem začal duchovní cvičení a Bůh mne vedl do ještě hlubších úrovní své moci.

Deprese uzdravena během bohoslužby přes Internet

Wei Iran, která bydlela na Tchaj-wanu, trpěla od května 2004 depresí a nespavostí následkem nadměrného stresu z práce. Každý den od čtyř do pěti hodin odpoledne se jí těžko dýchalo a mnohokrát musela být převezena do nemocnice, kde jí nasadili kyslíkovou masku. Léky nezabíraly.

Hlavní příčinou deprese je stres a je těžké ho překonat jen vůlí. V krajních případech pacienti páchají sebevraždu. Stalo se to celosvětovým jevem.

Její stav se nadále zhoršoval a v červenci šla na nemocenskou. Netrpěla jenom depresí, ale měla také Meniérovu nemoc, což znamená, že měla závratě a ztrácela rovnováhu. Její zornice se nedokázaly soustředit na jeden bod. Její tělo ztuhlo natolik, že se hýbala jen s pomocí druhých.

V takové situaci díky svým přátelům přijala evangelium a navštívila naši církev Tchaj-wan Manmin. Začala se účastnit nedělní bohoslužby přes Internet a dostalo se jí Boží milosti. Na radu tamějšího pastora rovněž poslouchala dřívější kázání a volala k Bohu v modlitbách. Když poslouchala slovo, uvědomila si svoje hříchy a zlo a pokorně se se slzami v očích kála. Její víra pomalu rostla.

Pastor církve Tchaj-wan Manmin nám zaslal její fotku s prosbou, abych se za ni modlil. 17. září při páteční celonoční bohoslužbě jsem položil ruku na její fotografii a horlivě se modlil. Bůh na tuto modlitbu odpověděl a deprese a Meniérova nemoc byly uzdraveny.

Od té doby mohla klidně spát a normálně dýchat. Záhy se vrátila do práce a několikrát navštívila ústředí naší církve v Koreji. Stala se věrnou křesťankou.

Pouť

V březnu 2004 jsem se vydal na pouť. Už jsem to udělal mnohokrát, ale tentokrát to bylo jiné. Plné zvláštních emocí. Galilea byla hlavním místem, kde veřejně působil Ježíš. Bylo to místo, kde povolal svých dvanáct učedníků a provedl mnoho znamení. Náš tým trávil významný čas modlitbami, chválami a meditacemi na palubě lodi v Galilejském jezeře.

Přemýšlení o Ježíši

Mnoho slov, která Ježíš vyučoval, se podobalo jasným drahokamům, které jakoby vyzařovaly z jezera. Jel Ježíš touto cestou? Ježíš hlásal evangelium a konal znamení, neměl dost času na jídlo či odpočinek.

Nedokázal jsem prostě jen tak minout byť jen jediný strom, kámen nebo rostlinu v Galileji. Když jsem se rozhlížel v Galileji po městě, zasteklo se mi po Pánovi tolik, že mě z toho rozbolelo srdce. Za svítání jsem se horlivě modlil a přitom se díval na Galilejské jezero a přemýšlel o Ježíšových skutcích.

Moje touha po Pánovi se zanedlouho proměnila v slzy, které se mi řinuly z očí. Když jsem se v Galileji modlil, Bůh mi seslal jako inspiraci scénu z Bible.

Ježíš chodil po mnoha místech, vyučoval lid, uzdravoval nemocné a neměl moc času na odpočinek. Po pouti s učedníky si Ježíš na chvíli sedl. Potom byl Petr, který byl něco jako vůdce dvanácti učedníků, naplněn touhou být Ježíšovi na blízku a sloužit mu. Petr vždy chodil vpředu. Svlékl si šat a utřel jím povrch kamene, aby si na něj Ježíš mohl sednout.

Ježíšovy nohy byly špinavé po celodenním chození prašnými cestami. Když si Ježíš sedl, Jan mu svými šaty otřel nohy a sandály. Učedníci šli do okolních domů, kde dostali trochu jídla. Přinesli ploché, tenké, kulaté bochníky chleba.

Petr vybral ten nejlepší a dal ho Ježíšovi. Viděl jsem, jak se učedníci posadili okolo cesty a podělili se o chléb. Ježíš přijal srdce svého učedníka, který mu sloužil celým svým srdcem a snědl celý kousek chleba.

Ježíšova slova byla jako kapky vody Galilejského jezera. Ani moderní věda nám neumožňuje slyšet Ježíšův hlas, ale pokud Bůh otevře náš duchovní zrak a sluch, můžeme tyto věci také vidět a slyšet. Duchovním zrakem jsem viděl stopy silného světla vycházejícího z míst, kde se Ježíš zdržel nebo jimiž procházel.

U Galilejského jezera.

Hora proměnění

Hora proměnění je místo, kam se Ježíš odebral s Petrem, Jakubem a Janem modlit. Zde tito tři učedníci viděli, jak se Ježíš proměnil v duchovní tělo, setkal se s Mojžíšem a Elijášem a pustil se s nimi do hlubokého duchovního rozhovoru. Petr řekl, že postaví tři stany.

Když jsem se tam dostal, viděl jsem, že je toto místo dostatečně veliké pro tři stany. Nebylo Ježíšovi a učedníkům zatěžko vylézt na tuto horu? Cítil jsem duchovní světlo, zvuky a energii.

Duchovním zrakem bylo možné lehce poznat místo, kde se Ježíš setkal s Mojžíšem a Elijášem, protože to místo bylo zalito silným světlem. Kostelík, který byl postaven na památku proměny, ležel 50 – 60 metrů od tohoto místa.

Zavítal jsem také do Getsemanské zahrady a do Kostelíku všech národů (což se do korejštiny překládá jako 'Manmin'), který byl postaven na místě, kde se Ježíš modlil, než na sebe vzal kříž a kde se jeho kapky potu staly krví.

Via Dolorosa - Cesta bolesti

Jeruzalém je ponuré město. Důvodem je to, že tamní lid neuznal Ježíše jako svého Spasitele a namísto toho jej ukřižoval. Cítil jsem smutek a slzy Ježíše za Jeruzalém. Vedle Zdi nářků je zlatý dóm, islámská svatyně.

Den po našem příletu do Jeruzaléma jsme na CNN slyšeli neočekávané zprávy. Izraelská vláda zavraždila palestinského vůdce šejka Ahmeda Yassina. V Jeruzalémě panovalo napětí.

Palestinci na protest uzavřeli své obchody. Cesta bolesti je obvykle přeplněné a hlučné místo s mnoha obchody, které se hemží arabskými kupci zvoucími své zákazníky dovnitř. Obvykle není pro poutníky snadné tiše přemýšlet o Ježíši, jak tudy nesl kříž, když jdou ulicí směrem na horu mezi davem lidí.

Ale toho dne byla Cesta bolesti tichá, protože Arabové na protest zavřeli své obchody. Mnoho dalších poutníků rovněž zrušilo svoje aktivy z bezpečnostních důvodů, dokonce jsme neviděli ani mnoho místních. Mohli jsme pokračovat v pouti ve velmi tiché a vážné atmosféře. Bůh mě obdařil svou milostí, a tak jsem díky Boží inspiraci mohl jasně vnímat scény z Ježíšovy doby.

Cítil jsem, že Ježíš, zatímco nesl kříž, stále v duchu komunikoval s Bohem. Díky komunikaci s Bohem překonal Ježíš každou bolest. Když šel Ježíš touto cestou, Otec v nebi cítil tutéž bolest.

V davu daleko za Ježíšem byl mlhavě vidět i Petr. Ve tváři měl slzy lítosti a hlubokého pokání. Neodvážil se k Ježíši přiblížit a myslel si: "Jak jsem jen třikrát mohl zapřít Ježíše?"

Poté, co Petr třikrát zapřel Ježíše, okamžitě odběhl pryč a kál se. Je přirozené, že Petr následoval Ježíše, když nesl kříž. V Bibli to není zaznamenáno z toho důvodu, že Petr šel za Ježíšem ve veliké vzdálenosti a učedníci ho neviděli.

Ženy, které byly s Ježíšem až do konce

Za Ježíšem šla panna Marie. Měla zlomené srdce a byla tak duševně a fyzicky vyčerpaná, že plně neovládala svoje vlastní tělo. Marie z Magdaly ji podpírala, projevovala jí soustrast a zároveň s ní trpěla. V tom okamžiku žena, která se uzdravila z nepřetržitého krvácení, odvážně předstoupila před Ježíše a setřela mu pot z tváře.

Římský voják se pokusil ji odstrčit, ale ona rychle prokličkovala mezi lidmi a utřela Ježíšův pot. Náhle se objevil bič a tvrdě ji udeřil. Padla k zemi. Vojáci udržovali mezi lidmi pořádek pomocí kopí a štítů.

Těm ženám hrozilo, že je římští vojáci chytí a zabijí. Ale ony se nebály a následovaly Pána až na místo ukřižování.

Tyto ženy šly rovněž jako první k Ježíšovu hrobu. Golgota leží asi 800 metrů nad mořem. Tenkrát neměli vydlážděné cesty jako dnes a byla to velmi hrbolatá cesta.

Hned za svítání prvního dne po sabatu šly Marie z Magdaly a panna Marie na Golgotu. Poranily si nohy a zničily šaty na neotesaných kamenech, ale nedbaly toho. Jejich dokonalá láska zahnala strach (1 Janův 4:18).

Oheň Ducha svatého v Německu

Boží vůle, abychom naplnili světovou misii, nás zavedla také do Německa. Boží plán byl probudit Německo a Evropu, kde se probuzení zastavilo na mrtvém bodě.

Německo je rodištěm reformačního hnutí, ale mnoho církví zde zeje prázdnotou a podobně jako v dalších evropských zemích je těžké najít v církvích mládež. Částečně za to může rozvoj filozofie a liberální teologie, jež učí, že je v pořádku dělat kompromisy se světem a nežít život zaměřený na Bibli.

V současné době se evropské církve příliš neliší od církve v Sardách, kterou Bůh pokáral: *"... podle jména jsi živ, ale jsi mrtev"* (Zjevení 3:1).

Ti, kteří znají Boží slovo pouze ve formě znalostí, nemají skutky, které provázejí jejich víru. Znamená to, že mají mrtvou víru a nemohou být spaseni (Jakub 2:26).

Mládež v Německu už dávno církev opustila. Mnozí lidé ztratili čistou víru. Uslyší-li, že se v dnešní době odehrávají biblické zázraky, tváří se pochybovačně. Od 1. do 3. října 2004 jsme v aréně Oberhausen, která se nachází blízko Düsseldorfu, zorganizovali kampaň, abychom Německo z tohoto duchovního spánku probudili.

Reverend Alexander Yepp a ostatní pastoři, kteří se na kampaň připravovali, řekli, že ani ti nejslavnější evangelisté nedokážou přilákat více než dva nebo tři tisíce lidí. Řekli, že by byl úspěch, kdyby přišlo jen tisíc lidí. Chtěli si tedy pronajmout místo, které pojme pouhých 1500 lidí.

Přesvědčili jsme je, že je třeba do toho jít s vírou a nakonec jsme si pronajali arénu Oberhausen s jejími 12 000 sedadly. Každou noc se během našich modlitebních setkání za kampaň v Německu modlily tisícovky členů naší církve.

Boha pravděpodobně dojaly modlitby, půst a dary členů naší církve na probuzení evropských církví, protože zde konal mnoho skutků Ducha svatého.

Navzdory odhadu místních pastorů byla aréna přeplněná lidmi již od prvního dne a přítomní velmi pozorně naslouchali našemu slovu. To v nich vzbudilo víru, a když jsem se modlil za nemocné, zažili po celé aréně řadu skutků uzdravení.

Od prvního dne mnozí lidé, kteří přijeli na invalidních vozících, vstávali a chodili a neslyšící znovu nabyli sluchu. Mnohým se vrátil dobrý zrak a odhodili své brýle. Mnozí byli uzdraveni z nevyléčitelných nemocí a vydali svá svědectví na pódiu. Lékaři to zaznamenávali a na místě ověřovali uzdravení.

Dr. Geoffrey se specializuje na medicínu v oblasti sportu. Po zánětu mozku a měkkých plen mozkových měl cukrovku. Díky srdečnímu infarktu mu tlak vystoupal až na hodnotu 180. Podle diagnózy mu nezbývalo mnoho času.

Německý festival zázračného uzdravování v aréně Oberhausen.

Ti, kteří vypovídají o tom, jak je uzdravila modlitba.

Přesto se zúčastnil kampaně už od prvního dne. Třetího dne obdržel skrze modlitbu za nemocné oheň Ducha svatého. Selhání jeho srdce bylo uzdraveno. Jeho krevní tlak se také vrátil k normě a i další jeho choroby se velmi zmírnily. Dr. Geoffrey nám napsal v děkovném dopise, že se uzdravil ze všech svých nemocí a všechno ještě podložil přiloženou lékařskou dokumentací.

Mnoho dalších se připojilo ke kampani poté, co viděli na ulicích plakáty a billboardy. Jiní přišli potom, co o nás slyšeli ve zprávách v televizi. Také oni zakusili skutky uzdravení. Tato kampaň byla živě vysílána do 75 zemí skrze 4 satelity a dostali jsme mnoho výpovědí lidí, kteří tvrdili, že byli uzdraveni, zatímco sledovali televizi.

Místní pastoři byli šokováni, když se stali svědky toho, jak byli členové jejich církví a jejich příbuzní uzdraveni. Když viděli explozi skutků Ducha svatého, přiznali, že začali věřit, že se i dnes dějí Boží zázraky stejně jako se děly v Ježíšově době. Rovněž získali více inspirace a důvěry ve své službě.

V Peru, někdejší říši Inků

V Peru jsou dosud znát stopy říše Inků, která vykvetla jako významná starověká civilizace. Machu Picchu je jedno z pozůstalých měst Inků, které leží v údolí Urubamba, 2 280 metrů nad mořem.

Je obklopené špičatými vrcholky hor a není ho zpoza hor vidět. Proto se nazývá 'město v oblacích'.

Má svatyně, obytné domy a palác postavený Inky v 15. století. Jsou tu obrovské kamenné kvádry, jež byly hladce opracovány a jsou 6 metrů vysoké a 1,5 metru silné.

Jediný kus musí vážit několik tun. Celý svět si láme hlavu nad tím, jak je Inkové dostali na vrchol hor nebo jak je opracovali stejně jako my krájíme máslo a dokonale zabudovali do sebe bez jakýchkoliv mezer. Machu Picchu znamená 'starý vrchol' a byl nalezen a ukázán světu začátkem 20. století poté, co jej v roce 1911 objevil americký historik Hiram Bingham.

V prosinci 2004, když jsem přijel do Peru, jsem pochopil,

proč Bůh vybral Peru jako další místo kampaně. Peruánci jsou pyšní na to, že jsou potomky Inků, ale v době, kdy byla jejich země kolonií, si rovněž hodně vytrpěli. Byli chudí a měli čisté srdce a já jsem cítil, že touží po Boží moci více než jiné země.

Schůzka s Prezidentem Toledem

1. prosince 2004 mne prezident Toledo těsně před Sjednocenou kampaní v Peru pozval do prezidentského paláce. Můj první dojem byl, že ho sužuje mnoho starostí, které zřejmě

Setkání s prezidentem Peru Toledem v prezidentském paláci.

souvisely se správou země a způsobovaly mu veliký stres.

Hovořili jsme o mnoha věcech a on řekl: "V průběhu každodenního života není snadné naplnit duchovní potřeby. Vážím si těch, kteří vedou duchovní život a duchovně vedou jiné."

Také mě požádal, abych se pomodlil: "Prosím, pomodlete se za to, abych dostal moudrost a sílu z nebe, abych dobře vládl v této zemi a přispěl k jejímu rozvoji a také za sjednocení všech Peruánců." Modlil jsem za mnoho věcí včetně ekonomického rozvoje a stability peruánské politiky.

Navzdory krátkosti našeho setkání mi prezident vyjádřil své díky. Možná mu má modlitba dodala klidu a pokoje do jeho mysli. Když jsme po kampani zemi opouštěli, poslal předsedkyni největší strany, aby přes ni vyjádřil svoje poděkování.

Nekonečný dav

Od 2. do 4. prosince jsme zorganizovali kampaň v 'Campo de Marte' v Limě. Uskutečnila se s podporou politiků, podnikatelů a tisku. Během tří dnů se shromáždilo více než 500 000 lidí.

Mocné skutky Ducha svatého neuzdravovaly jenom příchozí. Někteří, kteří sledovali kampaň v televizi, byli také uzdraveni, a poté přišli za námi na místo kampaně. Ti, kteří dříve nemohli chodit, vstávali ze svých invalidních vozíků, odhazovali hole a chodili.

Někteří se zbavili rakoviny a další znovu nabyli svého zraku. Na pódiu se to hemžilo lidmi, kteří vydávali svědectví o svém uzdravení. Nejen ti, kteří zažívali zázraky na vlastní kůži, ale i příbuzní a sousedé se společně radovali a plakali.

Tato kampaň byla živě vysílána po celém Peru na 3

programech a dále ji vysílalo 20 stanic digitálně, další kabelovým vysíláním a také přes Internet.

Na pódiu sedělo mnoho důležitých lidí z oblasti politiky, byznysu, tisku a také náboženští představitelé země. Byl tam dřívější viceprezident Máximo San Roman a také Rosa Graciela Yanarico, předsedkyně největší strany. Přišli i četní poslanci, pastoři a novináři z celého světa.

V jednom koutě místa, kde se kampaň konala, byl stolík, u kterého se evidovala 'svědectví uzdravených'. Případy uzdravení a výpovědi uzdravených dokumentovalo více než 20 místních lékařů a sester. Victor Callo Yerena (profesor lékařské fakulty San Hernando) řekl: "Nikdy jsem opravdu nevěřil v Boha. Ale během této akce jsem přijal Boží zázraky kvůli uzdravením, ke kterým zde došlo."

Příběh o podnikateli panu Arce

Aktivním účastníkem kampaně byl rovněž podnikatel jménem Vicente Diaz Arce. Tento muž je vlivným podnikatelem a je proslulý svou vášní pro charitu. Uslyšel hlas Ducha svatého, který mu řekl, ať pomůže našemu týmu při přípravě na kampaň v Peru, a tak se s našimi pracovníky setkal. Představil nás předsedkyni největší strany a pomáhal nám při organizaci.

Kvůli několika přečinům proti zákonu jej však hledala policie. Byl křivě obviněn svým bývalým obchodním partnerem a soudce ho odsoudil. Kdyby byl chycen, čekaly by ho tři roky vězení, a tak zůstával doma, aby se vyhnul policii. Jednou se sešel s naším štábem mimo svůj dům, ale policie to nezaznamenala.

Peruánská uzdravovací kampaň.

30. listopadu, když jsem přijel do Peru, se se mnou přišel setkat do hotelu. Modlil jsem se, aby se jeho problém vyřešil. V tom okamžiku se rozhodl jít na všechny tři dny kampaně. Chtěl se spoléhat jenom na Boha.

Následujícího dne měl Bůh hodně práce. Na rozdíl od jiných zemí má Peru komisi soudců, kteří mohou případy znovu otevřít a nechat přešetřit. Kromě toho mohou soudci původní rozhodnutí opravovat a pozměňovat. Tak se stalo, že jiný soudce zkoumal dokumenty týkající se pana Arceho. Tento soudce

Četní lidé vypovídají o svém uzdravení.

usoudil, že pan Arce je nevinný a oznámil mu to.

2. prosince, když dostal dopis od soudce, byl pan Arce hluboce dojatý mocí modlitby. Protože byl jeho problém vyřešen, mohl jít na kampaň. Pomohl nám k tomu, aby kampaň úspěšně proběhla tím, že se postaral o mnoho administrativních a organizačních věcí.

Po skončení kampaně nám poslali mnozí účastníci svá svědectví o uzdravení. Jelikož bylo mnoho lidí uzdraveno, slyšel jsem, že církve zaznamenaly probuzení.

Kampaně se zúčastnilo více než 500 000 lidí za tři dny a skončila úspěšně. Její dopad vedl k neformální diplomacii: politici, obchodníci a novináři stále navštěvují Koreu.

15. května 2005 se viceprezident David Waisman a bývalý viceprezident Maximo San Roman zúčastnili nedělní bohoslužby v naší církvi v Soulu. Viceprezident Waisman pomáhal prezidentu Toledovi obnovit vliv Peru a bývalý viceprezident Maximo San Roman pilně pracoval v sociální oblasti ve prospěch veřejnosti.

Následujícího roku přišli viceprezident David Waisman a jeho žena společně s Vicentem Arcem a předsedkyní největší strany Peru do naší církve. Dojala je služba církve Manmin a stali se dobrými spolupracovníky. Po této kampani byl pastor Lazarus Jaeho Lee poslán do Latinské Ameriky jako misionář. V Limě byla založena církev a on dělá aktivní misionářskou práci a stará se o vysílání kampaní a kampaní s šátky.

Vybrán jako jeden ze sedmi novodobých divů světa

Dr. Esther Kooyoung Chung jako předsedkyně Mezinárodního semináře Manmin (M.I.S) motivuje mnoho pastorů po celém světě. Současně je ředitelkou překladatelské kanceláře a zabývá se vedením a dohledem nad překladatelskou prací naší církve. Je bývalou prezidentkou Ženské univerzity v Soulu. Byla v té době nejmladší prezidentkou univerzity v Koreji. V květnu 2007 odjela na misionářskou cestu do Latinské Ameriky a vedla konference pastorů v mnoha zemích. Konference byla domluvena také v perském Cuscu.

Prezident Národní univerzity San Antonio v Cuzcu předává čestnou profesuru dr. Esther Kooyoung Chung.

Avšak někteří místní pastoři slyšeli falešné zvěsti od dalších korejských misionářů a konference měla být zrušena. Boží působení se nám v tomto okamžiku ukázalo ještě mocněji.

Předseda Národní univerzity San Antonio v Cuscu uslyšel tyto zprávy a pozval Dr. Chungovou na konferenci na svou univerzitu. On se rovněž zúčastnil kampaně v Peru a znal službu církve Manmin.

Dr. Chungová přijela do Cusca po konferenci v Miami, kterou organizovala. Její slovo mělo podtitul 'Duchovní zákony:

Konference MIS pro probuzení pastorů z celého světa (v Hondurasu).

Stvoření a Věda'. Konference byla zahájena tiskovou konferencí a pokračovala dva dny. Byla živě vysílána na CTV, která působí v celém státě Cusco. Konference byla velmi populární a mnozí lidé si pořídili videonahrávku.

Po ukončení konference nabídl předseda Národní univerzity San Antonio v Cuscu Dr. Chungové čestnou profesuru schválenou peruánskou vládou.

Zároveň se město Cusco usilovně snažilo o to, aby bylo Machu Picchu vybráno jako jeden ze sedmi novodobých divů světa. Rozhodovalo se různými způsoby včetně Internetu a telefonního hlasování. Peru mělo nevýhodu, protože tam nežije dost lidí s připojením k Internetu. Když tam byla Dr. Chungová, starostka Cusca požádala naši církev, aby se za tento problém modlila.

Druhého dne se konala konference v kongresovém sále města Cusco a naštěstí se v ústřední církvi Manmin v Koreji konala páteční celonoční bohoslužba. Když nás požádali o modlitbu, modlil jsem se během bohoslužby, aby Machu Picchu bylo vybráno jako jeden ze sedmi novodobých divů světa. Úřady Cusca obdržely modlitbu v reálném čase přes živé Internetové vysílání.

7. července 2007 byly vyhlášeny výsledky hlasování. Machu Picchu bylo vybráno jako jeden ze sedmi novodobých divů světa, což přitáhlo pozornost světa k Peru.

"S modlitbami a podporou členů církve Manmin bylo Machu Picchu vybráno jako jeden ze sedmi novodobých divů světa. Mnohokrát děkuji."

Starostka Cusca, Marina Zequeiros, poslala naší církvi tuto zprávu s pozdravy a čestnou plaketou.

Těžký boj proti chudobě a nemocem v Demokratické Republice Kongo

Demokratická Republika Kongo je třetí největší zemí Afriky. Ačkoliv má bohaté přírodní zdroje, ničí ji občanské války a endemické nemoci. Její obyvatelé velmi potřebovali slovo života a Boží moc. Po mnoho let jsme dostávali žádosti od pastorů, abychom tam zorganizovali kampaň.

Zprávy o Boží moci se roznesly díky vysílání, Internetu a různým publikacím. Dostáváme mnoho žádostí o kampaně, ale já jsem nikdy nerozhodl o místě sám. Navštěvoval jsem země, kam mě posílal Bůh. Když jsem se modlil za Kongo, Bůh mi odpověděl, že mám uskutečnit kampaň v roce 2006, což bude poslední kampaň v Africe.

Ačkoliv nám překážel ďábel

Jak se kampaň blížila, každý den se o ní ve státní televizi velmi mluvilo. Nepřítel ďábel se obával, co by se mohlo díky kampani v Kongu dít a snažil se ji překazit. Církve v Kongu se rozdělily na dvě skupiny.

Evangelické církve s námi spolupracovaly, ale nevycházely s druhou skupinou. Opět zde byli pastoři ovlivnění korejskými misionáři, kteří rozhlašovali falešné zvěsti a nespolupracovali.

Mezi prezidentovými rádci v Kongu byli čarodějové, kteří nechtěli, aby se organizovala křesťanská kampaň. Prezidentovi namluvili různé absurdity a použili zfalšované dokumenty odeslané z Koreje.

"Reverend Jaerock Lee sem přichází, aby rozšířil svůj vliv."

"To úřadu hlavy státu uškodí. Měl byste kampaň zrušit."

Termín jejich všeobecných a prezidentských voleb byl naplánován na duben a červen. Mnoho lidí posílalo prezidentovi negativní zprávy, a tak měl o nás prezident přirozeně špatné mínění.

Následování dobra

Den před mým odletem z Koreje jsme dostali prosbu od ministra sportu, abychom poslední den kampaně změnili místo konání. V neděli se měl hrát velmi důležitý fotbalový zápas a bylo třeba zahájit přípravy už v sobotu.

Bylo pro nás těžké přemístit na poslední den pódium. Museli jsme přemístit obrovské pódium, osvětlení a videoobrazovky, zvučící systém a vše znovu nainstalovat jen na jediný den.

Podle smlouvy jsme mohli používat 'Stade des Martyrs', což znamená 'Stadión mučedníků', po dobu všech tří dnů, ale Boží slovo nám velí vyhovět, když nás o to jiní žádají. Samozřejmě, že vyhovět ve všem na žádost jiných nemusí být vždy správné, ale

Festival zázračného uzdravování v Demokratické Republice Kongo.

když tím následujeme dobro, Bohu se to líbí. Doporučil jsem svému týmu jejich žádost přijmout.

"Jen dělejte všechno, oč vás požádají. Pokud budeme trvat na tom, že smlouva musí být respektována, kolik potíží z toho bude mít odpovědná osoba, která zapomněla na takovou velikou událost a podepsala s námi smlouvu? V tom, že máme změnit místo konání poslední den musí být Boží prozíravost."

Přistoupili jsme na jejich žádost a rozhodli jsme se třetí den kampaň pořádat jinde. Chtěli jsme použít silnice a ostatní otevřená místa kolem 'Boulevard Triomphal' ('Vítězný bulvár'), ale nebylo snadné získat povolení, která jsme potřebovali.

Tyto silnice uzavřeli jenom jednou kvůli prezidentovi. Třetího dne kampaně se navíc konala velmi důležitá státní politická událost. Bylo téměř nemožné uzavřít silnice, které se nacházely tak blízko parlamentu.

Rušné setkání s prezidentem

15. února 2006, když jsem přijel do Konga, jsem pochopil, proč politici věnovali tolik pozornosti mé návštěvě.

V poslední den kampaně organizovala vláda slavnost ke změně ústavy. Změnili vládní uspořádání a dokonce i státní vlajku. Byla citlivá doba těsně před prezidentskými volbami. Takže si nedokázali pomoct a dělali si hodně starostí s tím, jaký dopad naše kampaň bude mít.

16. února, první den kampaně, mě prezident Joseph Kabila pozval do prezidentského paláce. Někteří se pokusili mé setkání s prezidentem překazit, ale protože Bůh pohnul prezidentovým srdcem, schůzka se kupodivu uskutečnila. Ve velice příjemném rozhovoru prezident Kabila zjistil, že zprávy, které dostával, nebyly v souladu s realitou.

Pochopil, že jsem se sem nedostavil s žádným politickým záměrem, nýbrž za účelem míru a uzdravení lidí v Kongu. Byl nám velmi nakloněn.

"Prosím vás, modlete se za pokojné všeobecné volby. Máte nějaký problém s kampaní? Pomůžu vám," řekl prezident.

"Třetí den kampaně se musíme přesunout jinam a nedaří se nám najít vhodné místo," odpověděl biskup Kienza, předseda organizačního výboru kampaně.

"Co takhle druhý stadión?"

"Druhý stadión se opravuje. Prosím, dovolte nám uzavřít

Setkání s konžským prezidentem Josephem Kabilou.

silnice vedle parlamentu."

Prezident s naší žádostí souhlasil. Poté, co jsme odešli z prezidentského paláce, podepsal dokumenty, které nám dovolily silnice uzavřít. To bylo možné pouze s prezidentovým svolením.

První a druhý den se na stadiónu shromáždilo okolo 100 000 lidí. Prezident nepřišel, protože byl zaneprázdněný, ale poslal svoji sestru-dvojče Dr. Janet Kabilovou, která působila jako první dáma. Viceprezident pan Bemba a jeho žena byli rovněž přítomní. Bylo tam také mnoho lidí z jiných zemí.

Pan Werasson, velmi slavný a populární africký zpěvák, přišel na kampaň a zpěvem vzdal Bohu slávu. Po kampani si přišel s rodinou pro moji modlitbu. Má dvě dcery, ale jeho žena již sedm let nemůže otěhotnět. Na jeho žádost jsem se modlil, aby se mu narodil syn.

Tato kampaň byla živě vysílána v konžské státní televizi a na dalších sekulárních kanálech a též do více než 150 zemí světa prostřednictvím více než 10 satelitů. Bůh svou mocí uzdravil mnohé lidi strádající chudobou a nemocemi. Mnoho lidí dosvědčilo, že bylo uzdraveno z nevyléčitelné nemoci AIDS. Na pódium vystoupilo tolik lidí, aby dosvědčilo své uzdravení, že jsme se báli, aby se nezřítilo.

Nekonečný dav

Třetího dne se shromáždil tak velký dav, že bylo těžké dohlédnout jeho konec. Podle odhadů tam bylo 500 000 lidí. Kdybychom kampaň nepřeložili, na stadión by se všichni nevešli.

Možná by tam panoval zmatek a mohlo by dojít k nehodám. Bůh si toho však byl předem vědom a zavedl nás na větší místo.

Ti, kdo byli slepí a němí, ti, kteří se spoléhali na hole a vozíky a ti, kteří trpěli různými nemocemi jako rakovinou a AIDS, byli rychle uzdraveni. Bůh je uzdravil planoucími skutky Ducha svatého ve jménu Ježíše Krista.

Byl zde starší muž jménem Masuji Lisongi Bosongo, který byl rybářem. Bylo mu 64 let a živil se rybolovem. Nosil brýle, protože následkem šedého zákalu dobře neviděl. Jeho jediné potěšení bylo poslouchat rádio. Slyšel o kampani v rádiu, ale neměl dost peněz na cestu.

Stejně jako vdova, jež dala jediné dva měďáky, které měla, on prodal svoje rádio, svůj jediný majetek, za 9 dolarů a šel na kampaň. Bůh přijal jeho projev víry a uzdravil ho.

Vydal svědectví o tom, že z jeho zátylku vyšel oheň směrem do hlavy a dolů do očí. Znovu nabyl dobrého zraku a brýle už nosit nemusel.

Satelitní vysílání do Afriky a do celého světa

Pastora Petera Kima jsme poslali do Konga jako misionáře. Za méně než rok od založení církve chodí na nedělní bohoslužbu více než tisíc členů.

Také biskup Paul Musafiri, bývalý pastor, byl dojatý a nadšený naší kampaní a zavítal do naší církve. Nyní nám pomáhá a pilně pracuje v Kongu. Dovolte mi seznámit vás s jeho dopisem.

"Srdečně Vás zdravím z Konga. Společně věříme v Boha, jenž je s reverendem Jaerockem Lee a já potvrzuji, že se tady odehrávají mimořádné Boží skutky, protože jste se za tuto zemi modlil.

V lednu 2008 byla po mnoha bojích podepsána na východě země mírová smlouva. Byl jsem poslán do Gomy ve východní části země, kde jsem na tuto smlouvu asi měsíc čekal. Zúčastnil jsem se také konference reverenda Myong-ho Cheonga, arcibiskupa pro africký kontinent a moc mne dojalo jeho slovo.

I po podepsání smlouvy se našli takoví, kteří chtěli zemi od východu k západu rozvrátit falešnými pomluvami, ale věřím, že Vaše modlitby jsou pořád s námi v Kongu.

Píši Vám s žádostí, abyste se za nás ještě dál a více modlil. Žádám Vás, abyste se láskou modlil za prezidenta Josepha Kabilu, za politiky a za celý prezidentův doprovod. Mému spolupracovníkovi pastoru Petru Kimovi se daří také dobře. Naše společenství je víc než pokrevní rodina a společně sdílíme vizi a sny církve Manmin.

Jakožto zahraniční misionář měl velké potíže s policií, ale ve jménu našeho Pána je vždy překonal. Našel pro církev dobré místo a má mnoho členů, kteří o jeho činnosti vydávají svědectví. Také pozdravuji všechny členy církve Manmin."

Biskup Paul Musafiri,
Váš věrný syn v Ježíši Kristu.

Objevení kříže v průběhu prvního veřejného živého vysílání

Když jsem založil církev, Bůh nám dal vizi z Izajáše 60:1: *"Povstaň, rozjasni se, protože ti vzešlo světlo, vzešla nad tebou Hospodinova sláva."* Od té doby začaly plamenné skutky Ducha svatého zářit k světu.

Bůh nás nechal založit GCN (Global Christian Network) TV se svým plánem šířit světlo spasení ke všem lidem na světě. Vysílání svatého evangelia začalo v New York City ve Spojených státech amerických. Mnoho vysílacích stanic po celém světě naplňuje pomocí GCN svou službu s vizemi pocházejícími od Boha.

Začátek vysílání GCN v New York City

V květnu 2004 se spojila křesťanská média z 8 zemí včetně Spojených států, Spojeného království, Ruska a Austrálie a

Nad Empire State Building se objevuje kříž.

založila GCN. Neměli jsme žádné specialisty na vysílání, žádné techniky, žádné finanční zdroje.

Mohli jsme investovat jenom víru skrze naše modlitby. Po řadě příprav jsme 1. září 2005 na programu 17 v New York City konečně začali zkoušku svého vysílání.

Vysílací místnost GCN se nachází v Empire State Building v centru New York City. Zástupci více než 20 médií z celého světa se zde dostavili, aby oslavili první vysílání GCN.

Na chvíli vyšli na pozorovatelnu Empire State Building a užívali si nočního výhledu na město. V té chvíli někdo zahlédl na obloze velký zářící kříž.

Přítomní byli přesvědčeni, že Bohu se vysílání GCN TV líbilo a ukázal nám znamení. Pan Dan Wooding, který byl také svědkem, o tom napsal článek, přidal fotografii a vystavil to na svoji internetovou stránku.

GCN vysílá křesťanské pořady 24 hodin denně ve spolupráci s Manmin TV. Rychle se stává globální stanicí. Jejím cílem je probudit životy lidí tím, že vede diváky k setkání s Bohem a nabízí jim řešení jejich problémů prostřednictvím různých programů.

Uzdravení prostřednictvím GCN

Dostáváme mnoho dopisů nejen z Koreje, ale i z mnoha dalších zemí od diváků, kteří říkají, že byli uzdraveni ze svých nemocí a že teď žijí nové životy díky tomu, že sledují GCN TV. Ve vysílání se ukazují Boží skutky, jež překračují hranice času a prostoru. Toto dílo pomáhá četným duším po celém světě najít cestu spasení.

Elizabeth Goodallová sleduje vysílání GCN z New York City. Řekla, že věří, že Bůh si používá reverenda Jaerocka Lee k tomu, aby uzdravoval nemocné, přivedl je k pokání a dovedl je do nebeského království. Dívá se na GCN TV v New York City. Chce se s námi podělit o své svědectví. Část je obsažena zde:

"Jmenuji se Elizabeth Goodallová. Moje břicho a nohy v roce 2005 natekly a také jsem měla bulku pod jazykem. Přiložila jsem šátek, který jste mi poslal, na svou tvář a na břicho. Následujícího rána jsem si všimla, že pod jazykem už nemám bulku. Zkontrolovala jsem i otekliny na břiše a nohou a ty také zmizely. Děkuji Bohu za to, co udělal. I Vám děkuji."

9. listopadu, 2007
Elizabeth Goodallová

A teď výpověď z Kanady:

"Dívala jsem se na televizní pořad Dr. Jaerocka Lee a ráda bych věděla, zda plánuje přijet do Kanady. Bydlím blízko Ottawy a navštívila jsem manžela, který nyní bydlí v New Yorku. Včera večer jsem se dívala na GCN, a když se Dr. Lee modlil za nemocné, uzdravila jsem se. Víte, jsem zdravotní sestra a loni jsem si poranila ramena, když jsem pomáhala pacientům. Neustále se mi vracely bolesti, ale po reverendově modlitbě už jsem necítila žádnou bolest! Teď dokážu zvednout paže i hýbat rameny. Chvála Bohu! Dnes ráno ve 4 hodiny jsem se chystala odjet do Kanady, ale nejsem si jistá, proč jsem zůstala tady. Možná Bůh chtěl, abych s Vámi dnes mluvila."

29. listopadu, 2007,
Marie Lenie Saint Loth

Úvodní ceremonie GCN.

Zahajovací bohoslužba GCN.

WCDN, světová síť křesťanských lékařů

Tato organizace byla založena s cílem ověřovat zázračné případy uzdravení z lékařského hlediska. Organizace World Christian Doctors Network, WCDN, byla založena v květnu 2004. Její první konference se konala v Soulu a druhá v indickém Chennai v květnu 2005. Bylo tam více než 500 lékařských odborníků a mnozí měli přednášky o zázračném uzdravování z lékařské perspektivy.

Následující konference se konaly na filipínském Cebu v roce 2006, v americkém Miami v roce 2007 a v norském Trondheimu v roce 2008. Na všech vystupovali lékařští profesionálové rozebírající své případové studie o zázračném uzdravení. Po konferenci v Miami se o ní v jednom z korejských deníků objevil článek.

13. a 14. července 2007 se konala 4. mezinárodní křesťanská lékařská konference v hotelu Hyatt v Miami na Floridě na téma "Duchovnost a medicína", jíž se zúčastnilo více než 150

3. mezinárodní křesťanská lékařská konference v Cebu na Filipínách.

lékařů medicíny ze 40 zemí. 13. července zahájil konferenci svým pozdravem Dr. Jaerock Lee, předseda výboru WCDN. Ve svém slově naléhal Dr. Jaerock Lee na posluchače, aby nejen uzdravovali lidi z fyzických nemocí, ale aby rovněž vedli život jako apoštolové našeho Pána Ježíše Krista, který dává lidem duchovní život.

Dr. Alvin Hwang, prezident WDCN, a Dr. Armando Pineda, ředitel WCDN ve Spojených státech, uvítali ve svých projevech lékaře, pastory a významné hosty. Potom představili lékaři s podporou lékařských údajů případy zázračného uzdravení včetně

4. mezinárodní křesťanská lékařská konference v Miami v USA.

maligní rakoviny kůže (Dr. Mark Miller), rozštěpu páteře (Dr. Brian Sanghoon Yeo), spontánního pneumotoraxu (Dr. Gilbert Yoonseok Chae), zápalu plic (Dr. Junseong Kim) a dvou případů rakoviny prsu (Dr. Pancheta Wilson).

U soudce Roberta E. Newsoma ze Sulphur Springs v severovýchodním Texasu byla na onkologické klinice v texaském Houstonu diagnostikována rakovina kůže. Podle lékařů je úmrtnost u takovéto rakoviny kůže velmi vysoká, ale místo chemoterapie soudce Newsom svěřil svůj problém Bohu a zvolil si terapii nepřijmout. Naléhavě prosil o Boží uzdravení a mnoho členů jeho Jižní baptistické církve se modlilo za jeho uzdravení. Když šel za dva měsíce znovu do nemocnice, přihodil se zázrak. Rakovina kůže byla zcela uzdravena. Dr. William Mark Miller, který se o pana Newsoma staral, promluvil k publiku o jeho uzdravení a vše podpořil lékařskými údaji.

V pátek 13. července pronesl Dr. Chauncey W. Crandall IV, který působí na Kardiovaskulární klinice Palm Beach v Palm Beach Gardens na Floridě, dramatickou přednášku. "S těžkým infarktem k nám přijel na pohotovost třiapadesátiletý muž. Jeho operace trvala více než čtyřicet minut. Na jejím konci jsme ho bohužel prohlásili za mrtvého. V té chvíli mi Duch svatý řekl, ať se za toho muže pomodlím a zvrátím to, tak jsem si k němu sedl a modlil se: 'Bože Otče, volám k tobě v modlitbě za duši tohoto muže, protože tě nezná jako svého Pána a Spasitele. Prosím, oživ ho z mrtvých ve jménu Ježíše.' Za několik minut jsme se podívali na monitor a překvapilo nás, že se náhle ukázal srdeční tep. Za dalších několik minut se začal hýbat, hýbaly se mu i prsty na rukou a na nohou a potom začal něco mumlat." Dr. Crandall přednesl tento případ s lékařskými údaji.

Dr. John Youl Chun, bývalý děkan Lékařské fakulty univerzity Kyunghee, představil výpověď o uzdravení tchajwanské pastorky Chen Tsen Man, která byla uzdravena na páteční celonoční bohoslužbě v církvi Manmin. Od svých dvou let trpěla dětskou obrnou a od dopravní nehody před 14 lety musela chodit o holi. Kvůli trýznivé bolesti v nohou musela začít jezdit na invalidním vozíku. Ale když navštívila církev Manmin, uzdravila ji modlitba reverenda Jaerocka Lee a už nepotřebovala ani hůl ani vozík, mohla sama chodit.

V našem současném moderním světě, kde je těžké věřit v

Boha kvůli velkému rozmachu hříchu a rozvoji vědy, vykonává WCDN službu s úmyslem důkladně vyšetřit zázračné případy uzdravení pomocí medicíny a dokazovat, že Bible je pravdivá a že Bůh je živý.

Oheň Ducha svatého v srdci Spojených států

Potom, co jsme na Boží podnět zahájili vysílání GCN, nás Bůh vedl k tomu, abychom uspořádali kampaň v New Yorku. Madison Square Garden je místo, kde by chtěli vystupovat umělci z celého světa.

Abychom naplnili plán probudit Spojené státy z duchovní dřímoty a poté zahájit naši misii v Izraeli, uspořádali jsme v červenci 2006 kampaň v Madison Square Garden. Jelikož všechny termíny jsou zamluveny minimálně na dva roky dopředu, je velmi obtížné získat toto místo na poslední chvíli.

Nejdůležitějším aspektem kampaně v New Yorku bylo místo. Bylo těžké najít místo, i když jsme začali hledat několik měsíců před událostí.

Zatímco jsme hledali nejvhodnější místo, jedna hudební skupina zrušila svůj termín v Madison Square Garden a my jsme dostali povolení ho používat. Bylo to čistě díky Boží milosti.

Spojené státy byly založeny na víře puritánů. Většina misionářů po celém světě pochází z této země. Ale dnes, když vyučují darwinismus a legalizují homosexuální manželství, se od Boha distancují.

Ti, kteří se shromáždili v Madison Square Garden, pozorně vyslechli během tří dnů poselství a zažili plamenné skutky Ducha svatého. Ti, kteří byli posedlí zlými duchy, byli osvobozeni. Mnoho lidí bylo uzdraveno z nevyléčitelných nemocí a vydalo o tom svědectví.

Skutky uzdravení v Madison Square Garden

Maria Andrea Morang byla uzdravena z AIDS. Byla pravidelně hospitalizována kvůli vysokým teplotám, bolestem hlavy a zvracení. Její tělo bylo ochrnuté a nemohla chodit. Sotva hýbala rukama.

Měsíc po skončení kampaně jsme ji znovu navštívili. Chodila bez problémů a žila normální život.

Další člověk byl uzdraven z rakoviny páteře. Měl zlomeniny na šesti místech. Řekl, že cítí, jako by se mu rozpouštěly kosti. Nemohl dlouho sedět ani se ohýbat. Na kampani se však úplně uzdravil. Potíže s nervy zmizely a mohl chodit bez jakýchkoliv problémů.

Jeho lékař řekl, že již nikdy nebude chodit, ale Boží moc ho úplně uzdravila.

Mikhail byl uzdraven ze schizofrenie, kterou trpěl dvanáct let. Byl obětí zlých duchů a byl vždy v depresi. Trpěl anthropophobií,

Newyorská kampaň (Madison Square Garden).

a tak se bál lidí a nemohl chodit ven. Také ho bolela hlava a nemohl žít normálním životem. Nemohl mluvit kvůli mnoha silným lékům, ale když je nebral, trpěl mozkovými příhodami.

Na kampani se zcela uzdravil a radoval se. Říkal, že teď může pokračovat ve studiích a začít nový život.

Ty, kteří byli uzdraveni, vyšetřovali lékaři WCDN. Dr. Vitaliy Fishberg řekl: "Tato kampaň změnila celý můj život. Tři dny naplněné slovem byly klíčem k vyřešení všemožných problémů. Zúčastnil jsem se kampaní mnoha známých evangelistů, ale nikdy jsem neviděl uzdravení tolika lidí díky jediné modlitbě z kazatelny."

Po třech dnech jsem dostal prohlášení a čestné plakety od Senátu a Shromáždění státu New York a také od Rady města New York. Mohu jenom děkovat Bohu, který mi dovolil hlásat evangelium v zemi, která předtím hlásala evangeliem nám.

I v této zemi byli někteří pastoři, kteří nechtěli, aby se naše kampaň konala. Šířili falešné dokumenty v mnoha církvích, kontaktovali novináře a pokoušeli se bojkotovat kampaň na Garden.

Největším naším protivníkem byl jeden pastor z jedné newyorské církve. Později musel kvůli nějaké nepříjemné události rezignovat z místa pastora ve své církvi a v té oblasti již nemohl ve své službě pastora pokračovat. Bylo mi líto, když jsem se o tom doslechl.

Když se někdo staví proti skutkům Ducha svatého, sklidí, co na této zemi zasel, ale rozsudek, který za to v následujícím životě obdrží, je mnohem strašnější.

Někteří korejští misionáři se snaží hatit a ničit práci naší církve. Když jsme plánovali kampaně v zahraničí, aktivně šířili falešné zvěsti a distribuovali padělané dokumenty.

Ale protože pravda mluví sama za sebe, čím více se pokoušeli narušovat naši práci, tím více lidí se dozvídalo o našich kampaních. V konečném důsledku nám jejich úsilí pomohlo. Také jsme viděli, že ti pastoři, kteří s námi spolupracovali při různých kampaních po světě, obdrželi hodně požehnání. Jejich církve zažily veliké probuzení a jejich víra se upevnila. Jejich osobní postavení a společenský status se také zlepšily.

Počátek misie v Izraeli

Od roku 2000 nám Bůh umožnil hlásat evangelium na dvanácti obrovských kampaních. V červenci 2006 po newyorské kampani se Bůh rozhodl kampaně dočasně pozastavit. I dnes dostáváme mnoho žádostí ze zemí po celém světě, abychom tam uspořádali kampaň. Je mi líto, že teď na všechny ty žádosti nemohu reagovat. Příčinou je, že musím uskutečnit svou misii v Izraeli.

"A toto evangelium o království bude kázáno po celém světě na svědectví všem národům, a teprve potom přijde konec. Když pak uvidíte 'znesvěcující ohavnost', o níž je řeč u proroka Daniele, jak stojí na místě svatém – kdo čteš, rozuměj – tehdy ti, kdo jsou v Judsku, ať uprchnou do hor" (Matouš 24:14-16).

Hned poté, co jsem založil církev, mi dal Bůh vědět, že až se

Dr. Mikhail Morgulis (prezident Hnutí za duchovní diplomacii) hovoří s rabínem u Zdi nářků.

bude blížit druhý příchod našeho Pána, bude postaven velký chrám a misijní dílo se přesune do Severní Koreje a Izraele. Bůh mi také řekl, že Severní Korea se dočasně otevře. Dnes cítím, že ten den je velice blízko.

V červenci 2007 jsme začali svoji misii v Izraeli. K tomu, abychom mohli Židům kázat evangelium, je zapotřebí Boží moc. Evangelium vzniklo původně v Izraeli, ale sami Izraelité jej nepochopili. Bůh slíbil Abrahamovi, Davidovi a dalším Božím mužům, že svůj lid Izrael neopustí.

Boží slib musí být naplněn, ale kdo by kázal evangelium

v Izraeli? Když Ježíš kázal evangelium, konal mocné skutky, kterých člověk nebyl schopen, ale oni přesto neuvěřili. Můžete jim kázat evangelium, ale pokud neuvidí Boží moc, bude pro ně zatěžko evangelium přijmout.

Toto mi řekl Bůh: *"Probuď je mocí. Kaž evangelium ve jménu Ježíše Krista a až slepí prohlédnou, hluší uslyší a němí promluví, ti, kteří jsou dobří v srdci, uvěří a přijmou tvé slovo. Ale nebudou to všichni."*

Řekl, že Židé, kteří stále čekají na Mesiášův příchod, ti, kteří vážně hledají Boha a ti, které Bůh připravil, jsou těmi, kteří otevřou svá srdce a budou se kát, až uvidí projevy Boží moci.

Bible nám vypráví o Pánově příchodu v oblacích a o tom, že budeme v oblacích uchváceni vzhůru (1 Tesalonickým 4:16-17). Budeme v oblacích uchváceni vzhůru vstříc Pánu. 'Oblaka' zde neznamenají oblohu, kterou vidíme svýma fyzickýma očima, nýbrž duchovní svět. Bůh rozdělil duchovní svět do několika prostorů.

Mezi těmito prostory je druhé nebe, které je rozděleno do oblasti světla, kde leží zahrada Eden a do oblasti temnoty, v níž přebývají zlí duchové. V koutě zahrady Eden je připraveno místo k sedmileté svatební hostině. Když nás Pán na konci období tříbení člověka zavolá, budeme v okamžiku uchváceni.

Jako velký magnet, který k sobě přitahuje kovové části, budou ti věřící, kteří jsou 'pšenice', proměněni v duchovní těla a za okamžik budou s Pánem v oblacích. Zatímco si budou užívat sedmileté svatební hostiny, na této zemi se rozběhne sedmileté veliké soužení.

Soužení po uchvácení vzhůru

Izraelský národ je Bohem vyvolený lid a je až do konce věků stále pod ochranou Boží prozíravosti. V Bibli se píše, že kdykoliv byl tento svět plný hříchů, následovaly tresty; požár v Sodomě a Gomoře a potopa v Noeho době.

Podobně, až bude svět tak plný hříchů, že odpuštění už nebude možné, přijde poslední soud. Opravdoví věřící budou uchváceni do oblak vzhůru a na této zemi nastane sedmileté veliké soužení, které budou doprovázet války a přírodní katastrofy. To je začátek třetí světové války a 'konec', o němž mluví Bible.

Když se učedníci zeptali Ježíše na Pánův příchod a znamení konce věků, Ježíš řekl: *"Budete slyšet válečný ryk a zvěsti o válkách. Hleďte, abyste se nelekali. Musí to být, ale to ještě není konec"* (Matouš 24:6).

'Válečný ryk' zde není omezen na určité místo. Je to něco, co postihne celý svět. 'Válečný ryk' a 'zvěsti o válkách' se odvolávají na první a druhou světovou válku. Ale to není konec, protože nastane také třetí světová válka.

6. kapitola knihy Zjevení pojednává o sedmiletém velikém soužení, jež se bude konat poté, co budeme uchváceni v oblacích vzhůru, až se Pán vrátí. Tato země se vrhne do třetí světové války během sedmiletého velikého soužení.

"A hle, bílý kůň, a na něm jezdec s lukem; byl mu dán věnec dobyvatele, aby vyjel a dobýval" (Zjevení 6:2).

'Bílý kůň' se zde vztahuje na Izraelce a 'na něm jezdec' na vůdce, kteří mají kontrolu nad svým osudem. Pojem 'kůň' zde symbolizuje autoritu, důstojnost i válčení. Národ Izraele si říká 'Bohem vyvolený lid'.

To přerůstá do arogance a tvrdohlavosti, takže Izrael pořád válčí se svými sousedy. Proto je na Blízkém východě neustálé napětí. Od té doby, co byl Izrael obnoven, bojovalo s ním mnoho arabských zemí, ale jak je řečeno, 'vyjel a dobýval', stále vítězí.

Ale nezvítězil úplně. To znamená, že bitva pořád pokračuje; bude třetí světová válka. Stejně jako první a druhá světová válka bude mít i ta třetí úzkou souvislost s Izraelem.

Třetí světová válka

"Když Beránek rozlomil druhou pečeť, slyšel jsem, jak druhá z těch bytostí řekla: 'Pojď!' A vyjel druhý kůň, ohnivý, a jeho jezdec obdržel moc odejmout zemi mír, aby se všichni navzájem vraždili; byl mu dán veliký meč" (Zjevení 6:3-4).

'Ohnivý kůň' zde znamená Rusko a naznačuje, že nastane veliké krveprolití. Od pádu Sovětského svazu v roce 1991 se zdálo, že Rusko ztrácí svoji moc, ale teď se ukazuje jako jedna z nejmocnějších zemí na světě. V budoucnu se Rusko spojí s Čínou a stanou se opravdovými velmocemi.

Jak Rusko sílí, zvyšuje svůj vliv na sousední země a to bude příčinou konfliktů. Během sedmiletého velikého soužení vypuknou tyto konflikty v podobě války mezi národy. Tyto války jen tak snadno neskončí, nýbrž se rozrostou, a proto se ve výše zmíněném verši říká 'byl mu dán veliký meč'.

Rusko bude válčit se sousedními zeměmi a národy a také se zaplete do války mezi Izraelem a ostatními zeměmi Blízkého východu. Z toho se vyvine třetí světová válka.

Význam 'oleje a vína'

Zjevení 6:6 říká: *"Olej a víno však nech."* 'Olej' znamená Izraelce a 'víno' ty, kteří uvěřili v Pána, ale nevedli řádný křesťanský život, a proto zůstali na této zemi během sedmiletého velikého soužení.

'Olejem' jsou ti Izraelci, kteří mohou později získat spasení. To znamená, že někteří Židé po Pánově druhém příchodu pochopí, že Ježíš je skutečný Mesiáš a budou se kát.

'Víno' symbolizuje ty, jejichž duše padají na zem jako šťáva z právě utrhnutých hroznů. Chodívali do církve a věřili, ale mají mrtvou víru bez skutků. Ti, kteří nedosáhli opravdové víry, nemohou být uchváceni v oblacích vzhůru, až se Pán vrátí.

A když zůstanou na zemi, budou velmi otřesení! Někteří z nich se budou snažit získat 'paběrkové spasení' prostřednictvím mučednictví tím, že nepřijmou znamení šelmy 666.

Bůh si je ponechá, dokud se neotevře třetí pečeť (Zjevení 6:5) a až nastane čas, dá jim šanci získat spasení prostřednictvím mučednictví. Proto se zde říká: "Olej a víno však nech." Ale to neznamená, že všichni budou během soužení spaseni. To znamená, že bolest a utrpení budou zmírněny, dokud nezačne ve velkém měřítku kruté pronásledování a mučednictví.

'Sinavý kůň': Evropská unie

Zjevení 6:8 pojednává o Evropské unii, která bude hrát ve třetí světové válce důležitou roli.

"A hle, kůň sinavý, a jméno jeho jezdce Smrt, a svět mrtvých zůstával za ním. Těm jezdcům byla dána moc, aby čtvrtinu země zhubili mečem, hladem, morem a dravými šelmami."

'Sinavý kůň' se zde vztahuje na věci, které se budou dít skrze Evropskou unii. 'A jméno jeho jezdce Smrt, a svět mrtvých zůstával za ním.' To je odkaz na antikrista, který vládne temnotě. V blízké budoucnosti bude mít svět tři důležité velmoci. Spojené státy jako nejmocnější národ dlouho prostřednictvím válek usilují o zvýšení svého vlivu ve světě.

Další země povstanou s úmyslem omezovat moc Spojených států: Čína a EU. První velmocí jsou Spojené státy. Už dlouho jsou nejmocnější zemí na světě, ale svou moc budou postupně ztrácet.

Druhou velmocí jsou bývalé komunistické země soustřeďující se okolo Číny a Ruska a třetí velmocí je EU. Země Blízkého východu se rovněž pokusí použít ropu jako zbraň a převzít světovládu, ale jsou slabší než ostatní tři.

Poté, co budou věřící uchváceni v oblacích vzhůru, propadne svět extrémnímu chaosu. Ačkoliv jsou nevěřící, budou lidé vědět, že se Pán Ježíš vrátil. Budou se bát a přemýšlet: "Tak to byla pravda. Co teď?" Nastanou i přírodní pohromy, objeví se nemoci a vysoká inflace a svět zachvátí chaos.

Mezitím se každá z největších velmocí bude snažit převzít vládu, a to zejména EU, která se stane supervelmocí a bude ovládána antikristem.

S rostoucím zmatkem budou lidé toužit po silnější ruce, která zavede pořádek ve společnosti. Tímto způsobem získá EU snadno více moci. Začátkem sedmiletého soužení zvýší svou vojenskou moc. Moc EU bude založena na sofistikovaném systému, který bude mít a na jejím bohatství.

Tímto způsobem se nespojí jenom evropské země. Všechny části světa se včlení do systému EU.

Navenek bude EU říkat: "Pokud převezmete náš systém, zaručíme vám stabilitu a společné výhody." Ale pokud nějaká země neposlechne její klamná slova, napadne ji a zničí. Bude dokonale ovládat zásoby jídla a životní potřeby.

Počítač, dravá šelma

A nyní, co je míněno textem "Těm jezdcům byla dána moc, aby čtvrtinu země zhubili mečem, hladem, morem a dravými šelmami"?

'Meč' znamená vojenskou sílu a 'hlad' znamená, že mnozí budou hladovět a že bude vysoká inflace, ale EU využije tuto šanci a nahromadí veliké množství bohatství.

'Mor a dravé šelmy' znamená, že EU stanoví omezení pro ty, kteří nepřevezmou její systém a bude je pronásledovat, dokud je neuštve třeba i k smrti. 'Dravé šelmy' znamenají 'počítače'. EU vybuduje svůj systém pomocí superpočítačů zahrnujících údaje o každé osobě na zemi. Bude je kontrolovat a dohlížet na ně pomocí počítačů.

Vnutí každému znamení šelmy čili čárový kód na pravou ruku nebo na čelo a jeho prostřednictvím bude lidi ovládat. Znamení šelmy je způsob, jakým bude EU ovládat všechny lidi, až převezme moc antikrist. Do čárového kódu, který bude každý nosit na ruce nebo na čele, budou vloženy informace potřebné k ovládání lidí. Tak bude EU vědět, kam kdo jde a co dělá.

Zpočátku bude EU tento systém jenom doporučovat, ale uprostřed sedmiletého velikého soužení bude každého nutit k tomu, aby znamení šelmy nosil. Ti, kteří odmítnou, budou považováni za 'nebezpečné elementy ohrožující stabilitu společnosti'. V té době začnou být lidé, kteří nepřijmou znamení, mučeni.

Přijmout během soužení znamení šelmy znamená spolupracovat s antikristovou mocí a uctívat modly EU. To je stejné jako popírat Pána.

Ti, kteří si budou chtít udržet svou víru, se budou pokoušet znamení šelmy vyhnout, ale antikrist to nedovolí. Jeho lidé si všechny najdou, budou je nejrůznějšími způsoby mučit a budou je nutit, aby znamení šelmy přijali. Spasení dojdou jen poté, co překonají kruté a bezcitné mučení a stanou se mučedníky, a to pouze 'paběrkové spasení'.

Po sklizni hledá hospodář jakékoliv zrno, které mohlo dopadnout na zem. Stejným způsobem bude Bůh dávat lidem další šanci, přestože tříbení člověka už skončilo. Ale tentokrát nebude snadné prokázat, že má někdo víru.

Tito lidé budou muset překonat strašné mučení, hlad a výhrůžky. Aby jejich víra byla uznána potom, co byla naplněna proroctví v Bibli, musí svou víru prokázat něčím větším.

Nepřítel ďábel bude antikrista nutit k tomu, aby do pekla dovedl třeba i o jednoho člověka víc. Proto budou věřící mučeni takovými způsoby, aby to nedokázali snést a zapřeli Pána. Když věřící nezapře Pána, dovedou jeho rodinné příslušníky nebo malé děti a budou je mučit před jeho očima.

Pokud se vzdá, přijme znamení šelmy. Ví, že pokud zapře Ježíše, bude navždy trpět v plamenech pekla, ale bolest bude příliš veliká.

V té době už na zemi nebude působit Duch svatý, protože bude vzat. A tak nebude snadné překonat všechnu tu bolest a utrpení až k samotné smrti pouze silou vůle. Žijeme v době, kdy se Pánův druhý příchod blíží a měli bychom rozeznat, jakou víru máme mít a ozdobit se jako Pánovy nevěsty.

Velký chrám, symbol vítězství v oblasti tříbení člověka

Hned po založení církve mi dal Pán vizi světové misie a stavby velkého chrámu. V červenci 1984 jsem se modlil a postil s členy naší církve za novou modlitebnu a Bůh nám dal do detailů vědět o naší povinnosti na konci věků a o stavbě velkého chrámu.

"Můj drahý služebníku, před svým příchodem chci, abys postavil velký chrám s pomocí rukou všech lidí na zemi. Až budeš říkat, že stavíš chrám, ti, jež nerozumějí Božímu srdci a nemají víru, řeknou: 'Proč utratit tolik peněz za stavbu budovy, a ne na dílo misie'?

Chrám bude postaven z nejkrásnějších a nejlepších materiálů, kterými lidstvo disponuje. Nepostavíš ho svou vlastní silou. Budeš znám po celém světě a budou před tebou také králové národů.

Schopní nabídnou svoje schopnosti, moudří svoji moudrost a ti, kteří jsou zámožní, dají peněžní dary. Nebude nedostatek, jenom hojnost. Staví se mnoho krásných budov pro člověka a pro ďábla, ale ještě se nepostavilo nic pro Boha."

Když se církev snaží postavit velkou a majestátní budovu, ozvou se hlasy jako: "Není lepší vydat ty peníze na misii nebo charitu? Proč utrácet tolik peněz za budovu?"

Na tomto světě existuje mnoho budov pro zábavu a potěšení člověka, na něž bylo vynaloženo mnoho peněz. Ale od doby stavby Šalamounova chrámu nebyla postavena žádná opravdová svatyně pro Boha.

Když Šalamoun postavil Boží chrám, Bůh mu podrobně sdělil rozměry, strukturu a dokonce i vybavení chrámu. Šalamoun nechal donést dobré dřevo, zlato, stříbro a jiné drahocenné materiály ze sousedních zemí. Pozlatili budovu i její naprosté drobnosti, což z ní učinilo nejvelkolepější a nejkrásnější stavbu na světě.

Tvar koruny

Když se stavěla schrána, Bůh dal Mojžíšovi vize a zjevení. Také nám zjevil Bůh podrobné detaily svého velkého chrámu. Obecně má mít kruhový tvar, což znamená, že vesmír je nekonečný.

Velký chrám bude nejvelkolepějším a nejkrásnějším chrámem v lidské historii, protože bude svědčit o Boží slávě a důstojnosti. Od základu k věži s křížem bude měřit 70 metrů. Jeho průměr bude 600 metrů. Každičká ozdoba bude ukazovat na Boží nádheru a moc. Také bude zahrnovat slávu města nový Jeruzalém a vyjadřovat dílo Božího stvoření.

Vnější linii chrámu bude tvořit dvanáct mramorových pilířů, které symbolizují dvanáct základních kamenů nového Jeruzaléma. Každý pilíř bude ozdoben květinovými ornamenty. Ve středu každého květu bude jeden drahokam z dvanácti základních kamenů.

Mezi jednotlivými pilíři bude umístěna velká brána symbolizující perlovou bránu nového Jeruzaléma. Vedle každé brány budou dvě velké sochy andělů. Mezi dvanácti velkými pilíři bude rovněž sedm menších pilířů a každý pilíř bude ozdoben ornamenty vyjadřujícími každodenní dílo stvoření.

Například, první pilíř bude ozdoben tak, aby vydával jasné barvy duhy. Ukáže tím stvoření světla. Šestý pilíř bude ozdoben ornamenty krav, ovcí a dalších zvířat a postavami Adama a Evy. Kazatelna velkého chrámu se bude otáčet. Jeho střecha se bude otevírat a zavírat ve tvaru kříže. Židle v chrámu budou mít individuální monitory. Budova bude celkově vybavena špičkovou technologií.

Z ptačí perspektivy bude velký chrám vypadat jako koruna. Bude symbolizovat konec tříbení lidstva na zemi a Boží vítězství a v tom se bude podobat vítězi, který přebírá vavřínový věnec.

Bůh chce, aby velký chrám postavily jeho děti, které tříbily ve svém srdci svatost, která je svatým chrámem srdce. On nám dal svaté evangelium a vedl nás k tomu, abychom odhodili veškeré zlo a očistili svá srdce v tomto světě plném hříchů.

Jelikož se naše církev usilovně snaží zbavit hříchu a stát se svatou až do míry prolití krve, mnoho našich členů díky Boží milosti duchovně roste až do míry neporušeného ducha. Bůh touto cestou chce, aby ti, kteří se připravují jako Pánova nevěsta, přijali přicházejícího Pána ve velkém chrámu.

Pomocí duh ve tvaru kruhu nám Bůh ukazuje, že je s námi a že postavíme velký chrám. Pravidelně vídáme duhy nejen nad budovou naší církve, ale i na misionářských výjezdech církve Manmin po celém světě.

Bůh už mne kvůli stavbě velkého chrámu mnohokrát zavedl do Dubaje a do dalších zemí na Blízkém východě. Z Boží vůle jsem se seznámil s tamními významnými podnikateli. Také se více než 8 000 církví po celém světě zapojilo do služby církve Manmin jako ovoce světové mise, kterou jsme doposud konali.

Dokud nebudeme kázat evangelium až na samém konci světa, nepostavíme velký chrám, který obsahuje hlubokou Boží prozíravost a dokud nepřijmeme Pána Ježíše, který znovu přijde, mé modlitby a služba budou pokračovat.

Doslov

Jako strom, který vzhlíží k nebesům,
jehož kořeny jsou hluboko v zemi,
nejen za jasného slunečního svitu
ale také v bouřkách, větru a za studené rosy.

Za posledních 26 let,
když jsem klekal k modlitbě a hleděl k nebi,
vedla mne Boží láska
do hlubšího světa duchovna.
On otevřel bránu
duchovního světa nového rozměru.
Prozíravost konce věků pokračuje.

Díky neochvějné lásce Boha,
který je vždy tady a
nemá žádné kolísání jako stín,
jsem mohl kráčet dále.S
Našli se lidé,

kteří nerozuměli Božímu dílu

nebo na něj žárlili

a rozšiřovali faleš.

Já jsem se jen modlil k samotnému Bohu,

protože pravda vždy vyjde najevo.

Ponechal jsem si v srdci pár věcí,

o kterých jsem dříve nemohl mluvit.

Přísahám, že celý obsah této knihy

je pravda a nic než pravda,

za kterou se ani přinejmenším nestydím.

Osobní životopis a historie církve

1943. 04.	Narozen jako poslední dítě ze tří synů a tří dcer. Jméno jeho otce je Chabeom Lee a jméno jeho matky Gamjang Cho (Shinkil Ri, Heje Myeon, Muan Goon, provincie Cheonnam).
1956. 02.	Absolvoval 1. stupeň základní školy v Boonhyang, provincie Cheonnam.
1959. 02.	Absolvoval 2. stupeň základní školy v Songjung, provincie Cheonnam.
1962. 02.	Absolvoval střední průmyslovou školu v Dan-guk v Soulu.
1964. 09.	Přerušil studium na Strojírenské fakultě univerzity Hanyang.
1967. 04.	Ukončil vojenskou službu.
1968. 01.	Oženil se s Boknim Lee. Onemocněl kvůli požití velkého množství alkoholu na oslavě nastěhování do nového domu.
1970. 11.	Narodila se první dcera Miyoung Lee. Kvůli hluchotě odešel z redakce novin.
1972. 10.	Narodila se druhá dcera Mikyung Lee.
1974. 04.	V církvi Hyun Shin Ae's Altar se setkal s živým Bohem a přijal Pána.
1974. 11.	Navštívil probuzenecké setkání v církvi Sungdong Church v Oksu Dong a začal opravdový křesťanský život.
1975. 08.	Narodila se třetí a poslední dcera Soojin Lee.
1979. 03.	Přijat na Teologický seminář svatosti.
1982. 07.	Založení církve Manmin.
1983. 02.	Absolvoval Teologický seminář svatosti.
1986. 05.	Ustanoven pastorem.
1987. 06.	Jeho svědectví zdramatizovala a měsíc vysílala rozhlasová stanice Christian Broadcasting System (CBS).
1990.	Jeho kázání pravidelně vysílají rozhlasové stanice FEBC, Asia Broadcasting a Washington Christian Radio System.
1990. 05.	Řečník na Kampani Ducha svatého pořádané Misijní společností Yeongnam.
1991. 03.	Řečník na Evangelizační kampani v Daegu.
1991. 07.	Založení asociace Sjednocení korejských svatých církví.

1992. 03. První bohoslužba s orchestrem Nissi, na níž byl řečníkem Rev. Hyeon Kyoon Shin.
Konference na téma 'Dimenze' pro všechny členy církve s podtitulem: 'Poslouchej, dívej se a rozuměj srdcem.'
Křesťanské sloupky se objevují v deníku *Hankook Ilbo Daily* (v Koreji a Spojených státech).

1992. 05. Účast na národní modlitební snídani.

1992. 08. Spoluprezident 'Světové evangelizační kampaně Ducha svatého 1992'.

1993. 02. Církev Manmin Central Church vybrána časopisem 'Christian World' (USA) mezi 50 nejpřednějších církví světa.

1993. 05. První Speciální dvoutýdenní probuzenecké setkání s Rev. Jaerockem Lee.

1993. 08. Řečník na Washingtonské evangelizační kampani.

1993. 08. Řečník na Evangelizační kampani v Los Angeles.
Čestný předseda oslavy 20. Korejského dne v Los Angeles v korejském městě.
Požehnání v Městské radě Los Angeles.
Udělení čestného občanství okresem Los Angeles.

1993. 10. Kázání vycházejí v *Christian Newspaper.*

1994. 02. Povzbuzující proslov k šesté divizi korejské armády při inaugurační bohoslužbě v církvi Siloam Church.

1994. 05. Řečník na Sjednocené kampani ve Washingtonu a Baltimore.
Uveden do funkce předsedy Washington Christian Radio System.

1994. 06. Přednáška na Konferenci pro vedoucí církví v Tanzánii a bohoslužba v letniční církvi.

1994. 07. Požehnání na Evangelizační soulské kampani Ducha svatého 1994.
Ustanoven viceprezidentem Mezinárodní misijní asociace pro podporu Bible.

1994. 09. Zahájil modlitby za nemocné systémem automatické telefonní odpovědi.

1994. 11.	Řečník na Sjednocené kampani v Idě v Japonsku.
1994. 12.	Speciální přednáška v Centru probuzeneckého tréninku, zařízení přičleněném k Hnutí za národní evangelizaci.
1994. 12.	Speciální program k 40. výročí CBS 'Obnov nás' nahrávaném v církvi Manmin Central Church.
1995. 02.	Hostitelem 149. konference korejských pastorů pořádané Modlitebním sdružením korejských pastorů.
1995. 03.	Hostitelem Sjednocené kampaně v Soulu pořádané Hnutím za národní evangelizaci. Kázání vysílá každý týden stanice CBS.
1995. 04.	Řečník na Světové misijní kampani 1995 v Los Angeles pořádané Světovým evangelizačním výborem.
1995. 05.	Kázání vysílána stanicí CBS Chooncheon.
1995. 07.	Jako stálý prezident vedl modlitby na 'Zvláštním modlitebním setkání za národ' pořádaném Hnutím za národní znovusjednocení a evangelizaci.
1995. 08.	Návštěva prezidentského sídla Chungwadae z titulu členství ve výkonné radě Mírové sjednocovací konvence k oslavě 50. výročí korejské nezávislosti. Autor situační zprávy z titulu funkce správního prezidenta Mírové sjednocovací konvence k oslavě 50. výročí korejské nezávislosti. Jeho kázání vysílána stanicí Radio Korea of New York City v USA.
1995. 09.	Jako čestný předseda navštívil oslavu 22. Korejského dne v Los Angeles v korejském městě.
1995. 10.	Jeho kázání vysílána stanicí FEBC v Daejeonu. Založeno Africké misijní centrum církve Manmin. Církev Manmin Central Church se zapojila do aktivity darování krve pořádané 'Hnutím lásky'.
1995. 11.	Kampaň za probuzení Mizpah zabývající se pokáním a láskou. Objevují se pravidelné sloupky v americkém křesťanském týdeníku 'Christian Herald'.
1995. 12.	Stanice FEBC natáčela v církvi Manmin Central Church

program 'Naše dobrá církev'.

1996. 02. Řečník na 'Sjednocené kampani a konferenci pro pastory havajských korejských církví 1996'.

1996. 03. Ustanoven spoluprezidentem Evangelizačního výboru prokurátorů.

1996. 04. Kázání vysílána stanicí CBS v Daegu.
Ustanoven viceprezidentem Misijní skupiny světového poháru 2002.

1996. 06. Otevření veřejně prospěšného centra církve Manmin.

1996. 07. Argentinsko-korejská kampaň a konference pro místní pastory.
14. konference pro pastory.
Joong-ang Daily jej zařadil do výběru 'Lidé, kteří pohnuli Koreou'.

1996. 08. Slavnostní otevření modlitebny Guro Dong.
Kázání vysílána stanicí Christian Broadcasting v kanadském Vancouveru.
Účast na Korejsko-japonské sjednocené modlitební kampani organizované Misijní skupinou světového poháru 2002.

1996. 09. Sjednocená kampaň v japonském Shinshu.

1996. 11. 2. chválící koncert pro osamocené děti starající se o své sourozence pořádaný Centrem pro národní evangelizační hnutí.

1996. 12. Počátek paralelně probíhajících bohoslužeb pro všechny církevní pobočky Manmin v Koreji.
Kázání vysílána každý týden stanicí Christian Broadcasting ve Filadelfii v USA.

1997. 03. Kázání vysílána stanicí Korean Broadcasting v New Yorku.
Kázání vysílána každý týden stanicí Korean broadcasting v novozélandském Aucklandu.

1997. 07. Jmenován stálým prezidentem Národní sjednocené evangelizační kampaně 1998.

1997. 08. Rev. Dan Marino, ředitel akademie Parkway Christian Academy v USA, navštívil církev Manmin za účelem vypracování případové studie probuzení.

1997. 09. Velká evangelizační kampaň a konference pro pastory
pořádaná stanicí Washington Christian Radio Station.
Projev na Korejsko-americké sjednocené kampani
pořádané Asociací církví Maryland.

1997. 10. 2. konference argentinských pastorů pořádaná
Argentinským hnutím lásky.

1998. 01. Speciální novoroční program CBS 'Obnov nás', kampaň
se svědectvími.

1998. 02. Speciální probuzenecké setkání pro nemocné.
Řečník na 'Kampani Ducha svatého za spasení národa'
pořádané Světovou misijní asociací za křesťanské
probuzení.
Jmenován provozním prezidentem Národní sjednocené
evangelizační kampaně.

1998. 03. Jmenován správním prezidentem Evangelizačního výboru
prokurátorů.
Řečník na přípravné korejské kampani předcházející
Tokijské mezinárodní misijní kampani.

1998. 05. Převzetí ocenění od misijní organizace Hosanna za podíl
na rozvoji této misijní organizace a za evangelizaci národa.
Zástupná modlitba za 'Kampaň proti násilí na školách'
pořádanou Evangelizačním výborem prokurátorů.

1998. 06. 6. charitativní koncert za evangelizaci vězňů pořádaný
misijní organizací Onesimus.
'Modlitební kampaň za spasení země' pořádaná Světovou
evangelizační asociací.

1998. 10. Inaugurační bohoslužba Misijní organizace korejských
právníků a modlitební setkání za národ.

1998. 12. Charitativní koncert pro invalidy pořádaný 'Hnutím lásky
za národ'.
Hnutí CBS Vize pro 21. století oslavuje 44. výročí založení
CBS.

1999. 04. Chválící koncert pro osamocené děti starající se o své
sourozence v koncertní hale MBC v Masan.

'Kampaň proti násilí na školách' pořádaná Úřadem státních zástupců města Soulu.

1999. 07.   Ustanoven stálým prezidentem Světové misijní asociace za křesťanské probuzení.

2000. 02.   Kázání vysílána stanicí 'International Gospel Radio Station' (AM 1503) ve Vladivostoku.

2000. 06.   Kázání v angličtině vysílána v Mabuhai Radio Station (AM 1350) ve filipínské Manile.

2000. 07.   Řečník na 'Sjednocené kampani a konferenci pro pastory v Ugandě 2000'.
Mocné skutky, ke kterým došlo v Ugandě vysílány na CNN.

2000. 09.   Řečník na 'Sjednocené kampani v japonské Nagoji'.

2000. 10.   Řečník na 'Sjednocené kampani a konferenci pro pastory v Pákistánu'.
S. K. Tressler, ministr kultury, sportu, mládeže a turismu, navštívil páteční celonoční bohoslužbu v církvi Manmin Central Church.

2001. 01.   Založena Manmin TV.

2001. 06.   Skutky Boží moci vysílány na filipínské televizní stanici RPN.
Řečník na 'Sjednocené kampani a konferenci pro pastory v Keni'.

2001. 09.   Řečník na 'Sjednocené kampani a konferenci pro pastory na Filipínách'.

2002. 10.   Řečník na 'Sjednocené kampani a konferenci pro pastory v Hondurasu'.

2002. 10.   Řečník na 'Konferenci pro indické pastory a festivalu zázračného uzdravování'.

2003. 02.   Převzetí ocenění od Asociace církví Los Angeles a Jihokalifornské ekumenické asociace za rozvoj spolupráce mezi korejskými a americkými církvemi a za obětavou evangelizační práci.

2003. 11.   Řečník na 'Konferenci pro ruské pastory a festivalu zázračného uzdravování'.

2004. 05.   Řečník na 12. Speciálním dvoutýdenním probuzeneckém setkání.

2004. 10.   Řečník na 'Německém festivalu zázračného uzdravování'.

2004. 12.   Řečník na 'Uzdravovací kampani v Peru'.
Pozván do prezidentského paláce na setkání s peruánským prezidentem Toledem.

2005. 05.   Dr. David Waisman, viceprezident Peru, a pan Maximo San Roman, bývalý viceprezident Peru, navštívili církev Manmin Central Church.

2005. 09.   Zahájení vysílání GCN (Global Christian Network).

2005. 10.   23. výročí církve Manmin Central Church a oslava při příležitosti zahájení činnosti GCN.

2006. 10.   Řečník na 'Festivalu zázračného uzdravování v Demokratické republice Kongo'.
Setkání s prezidentem Josephem Kabilou.

2006. 05.   Dr. Mikhail Morgulis, organizační předseda Kampaně Slovanů v New Yorku, a výkonný ředitel pastor Mark Bazalev navštívili církev Manmin Central Church.

2006. 06.   Na Filipínách se koná 3. mezinárodní křesťanská lékařská konference WCDN (World Christian Doctors Network).

2006. 07.   Řečník na 'Newyorské kampani 2006'.
Kampaň se živě vysílá a reprízuje do více než 200 zemí.
Veřejně vyhlášen a oceněn Senátem a Shromážděním státu New York a Radou města New York.

2006. 10.   24. výročí církve Manmin Central Church a 1. výročí GCN.

2007. 02.   Zúčastnil se 64. sjezdu a expozice NRB.

2007. 04.   Konference pro pastory MIS (Manmin International Seminary) v Latinské Americe.

2007. 07.   4. mezinárodní křesťanská lékařská konference v Miami v USA.

2007. 09.   Voda Muan Sweet Water schválena pro svou bezpečnost a prvotřídní vlastnosti organizací FDA (Food and Drug Administration) v USA.

2007. 10.   25. výročí církve Manmin Central Church a 2. výročí

GCN.
2007. 11. WCDN pořádá v Jakartě v Indonésii konferenci křesťanských lékařů jihovýchodní Asie.
2008. 03. Účast na 65. sjezdu a expozici NRB a 9. sjezdu a expozici FICAP.
2008. 04. Vydavatelství Urim Books navštívilo 14. mezinárodní knižní veletrh v Soulu.
2008. 05. V Trondheimu v Norsku se koná 5. mezinárodní křesťanská lékařská konference WCDN.
2008. 10. 26. výročí církve Manmin Central Church a 3. výročí GCN.
2008. 11. Pastor Mikyung Lee pořádá v Chennai v Indii seminář pro pastory a setkání kvůli uzdravování prostřednictvím šátku.
2009. 01. 4. výročí Organizace pro severokorejské uprchlíky.
2009. 02. Účast na 66. sjezdu a expozici NRB.
Pastor Mikyung Lee pořádá na Filipínách seminář pro pastory a setkání kvůli uzdravování prostřednictvím šátku.
2009. 03. Účast na 10. sjezdu a expozici FICAP.
2009. 04. Pastor Taesik Gil pořádá v Pákistánu seminář pro pastory a setkání kvůli uzdravování prostřednictvím šátku.
2009. 06. Pastor Rainbow Lee vede ve Vietnamu seminář pro pastory a setkání kvůli uzdravování prostřednictvím šátku.
2009. 07. Pláž u Muan Sweet Water a bohoslužba zasvěcení v bazénu.
2009. 09. Řečník na Sjednocené kampani v Izraeli 2009 na téma "Bůh je velký".
2009. 10. 27. výročí církve Manmin Central Church a 4. výročí GCN.
2009. 11. V Kyjevě na Ukrajině se koná 6. mezinárodní křesťanská lékařská konference WCDN.
2010. 02. Účast na 67. sjezdu a expozici NRB.
2010. 03. Účast na 11. sjezdu a expozici FICAP.
2010. 05. V Římě v Itálii se koná 7. mezinárodní křesťanská lékařská konference WCDN.
2010. 07. Ve Finsku se koná 4. kemp na téma 'Poselství kříže'.

Autor:
Dr. Jaerock Lee

Dr. Jaerock Lee se narodil v roce 1943 v Muanu, v provincii Jeonnam, v Korejské republice. Ve svých dvaceti letech trpěl Dr. Lee po dobu sedmi let rozmanitými nevyléčitelnými chorobami a očekával smrt bez jakékoliv naděje na uzdravení. Jednoho jarního dne v roce 1974 ho jeho sestra odvedla na církevní shromáždění a když poklekl, aby se pomodlil, živý Bůh ho okamžitě uzdravil ze všech jeho nemocí.

Od chvíle, kdy se skrze tuto úžasnou zkušenost Dr. Lee setkal s živým Bohem, začal Boha upřímně milovat celým svým srdcem a v roce 1978 byl povolán k tomu, aby se stal Božím služebníkem. Vroucně se modlil, aby mohl jasně porozumět Boží vůli, cele ji vykonávat a být poslušen celému Božímu slovu. V roce 1982 založil v Soulu, v Jižní Koreji, církev Manmin Central Church, kde se koná nesčetné Boží dílo včetně nadpřirozených uzdravení a zázraků.

V roce 1986 byl Dr. Lee při výročním shromáždění církve Jesus' Sungkyul Church of Korea ustanoven pastorem a o čtyři roky později, v roce 1990, začala být jeho kázání vysílána prostřednictvím rozhlasových stanic the Far East Broadcasting Company, the Asia Broadcast Station a the Washington Christian Radio System v Austrálii, Rusku, na Filipínách a v mnoha dalších zemích.

O tři roky později, v roce 1993, byla církev Manmin Central Church vybrána časopisem *Christian World* (USA) mezi "50 nejpřednějších církví na světě" a Dr. Lee obdržel od fakulty Christian Faith College na Floridě čestný doktorát z teologie. V roce 1996 získal za svou službu od semináře Kingsway Theological Seminary v Iowě titul Ph. D.

Od roku 1993 převzal Dr. Lee vedení světové misie prostřednictvím mnoha zahraničních cest do amerických měst Los Angeles, Baltimoru a

New Yorku, dále na Havaj, do Tanzánie, Argentiny, Ugandy, Japonska, Pákistánu, Keni, na Filipíny, do Hondurasu, Indie, Ruska, Německa, Peru, Demokratické republiky Kongo a do Izraele. V roce 2002 byl většinou křesťanských novin v Koreji kvůli své práci na rozmanitých zahraničních cestách nazván "celosvětovým pastorem."

K září 2013 je církev Manmin Central Church kongregací s více než 120 000 členy. Má rovněž 10 000 domácích a zahraničních poboček po celé zeměkouli. Až doposud vyslala více než 123 misionářů do 23 zemí včetně Spojených států, Ruska, Německa, Kanady, Japonska, Číny, Francie, Indie, Keni a mnoha dalších.

Ke dni vydání této knihy napsal Dr. Lee 88 knih včetně bestselerů *Ochutnání Věčného Života před Smrtí*, *Můj Život*, *Má Víra I & II*, *Poselství Kříže*, *Měřítko Víry*, *Nebe I & II*, *Peklo* a *Boží Moc*. Jeho díla byla přeložena do více než 76 jazyků.

Jeho křesťanské sloupky se objevují v *The Hankook Ilbo*, *The JoongAng Daily*, *The Chosun Ilbo*, *The Dong-A Ilbo*, *The Munhwa Ilbo*, *The Seoul Shinmun*, *The Korea Economic Daily*, *The Korea Herald*, *The Shisa News*, a v *The Christian Press*.

Dr. Lee je v současné době vedoucím mnoha misionářských organizací a asociací včetně: předseda The United Holiness Church of Jesus Christ; prezident Manmin World Mission; stálý prezident The World Christianity Revival Mission Association; zakladatel & předseda výboru Global Christian Network (GCN); zakladatel & předseda výboru World Christian Doctors Network (WCDN); a zakladatel & předseda výboru Manmin International Seminary (MIS).

Niebo I & II

Szczegółowy opis wspaniałego życia, które jest udziałem mieszkańców nieba, cieszących się pięknem królestwa niebieskiego

Przesłanie Krzyża

Potężne przesłanie pobudzające do myślenia dla ludzi, którzy są w duchowym śnie! W niniejszej książce znajdziesz powód, dla którego tylko Jezus jest Zbawicielem oraz odczujesz prawdziwą miłość Bożą

Piekło

Przesłanie dla człowieka od Boga, który pragnie wyratować każdą duszę z głębi piekła! W tej książce odkryjesz nigdy wcześniej nie opisywaną okrutną rzeczywistość piekła

Moje Życie, Moja Wiara I

Niezwykły aromat życia duchowego wydobyty dzięki osobie, której życie rozkwitło w otoczeniu nieograniczonej miłości do Boga, pomimo ciążącego jarzma, ciemności i rozpaczy

Miara Wiary

Jakie schronienie, korona i nagrody czekają na Ciebie w niebie? Niniejsza książka da Ci możliwość, abyś z mądrością i wskazówkami Bożymi sprawdził swoją wiarę, aby następnie zbudować wiarę lepszą i dojrzalszą.